믿음을 넘어선 기적

Hope Beyond Reason
by Dave Hess

Copyright © 2008 by Dave Hess

Published by Destiny Image
P.O. Box 310, Shippensburg, PA 17257-0310

Korean translation Copyright © 2011 by Pure Nard
2F 774-31, Yeoksam 2dong, Gangnam-gu, Seoul, Korea

The Korean edition is published by arrangement with Destiny Image.
All rights reserved.

본 저작물의 한국어판 저작권은 Destiny Image와의 독점 계약으로 한국어 판권은 '순전한 나드' 가 소유합니다. 저작권자의 허락 없이 이 책의 일부 또는 전체를 무단 복제, 전재, 발췌하면 저작권법에 의해 처벌을 받습니다.

믿음을 넘어선 기적

초판발행 | 2011년 7월 25일

지은이 | 데이브 헤스
옮긴이 | 심현석

펴낸이 | 허철
편집 | 송혜숙
디자인 | 오순영
인쇄소 | 고려문화사

펴낸곳 | 도서출판 순전한 나드
등록번호 | 제2010-000128
주소 | 서울 강남구 역삼2동 774-31 2층
도서문의 | 02) 574-6702 / 010-6214-9129
편집실 | 02) 574-9702
팩스 | 02) 574-9704
홈페이지 | www.purenard.co.kr

Printed in Korea

ISBN 978-89-6237-096-6   03230

믿음을 넘어선 **기적**

데이브 헤스 지음

셰리(Sheri)에게

당신은 내게 소중한 선물입니다.
평생토록 당신의 심장이
내 심장과 함께 고동치니
나는 기쁩니다.

당신과 함께하는 이 여정이
얼마나 큰 기쁨인지요!

가장 힘든 시간에도 당신은 내 곁에 있어 주었습니다.
내 생명을 위해 기도하고 또 함께 싸워주었습니다.

당신의 사랑은 영원합니다.
견고한 사랑으로 나를 섬겨주었습니다.
단 한마디의 불평도 없이…

나는 당신에게서 사랑의 얼굴을 봅니다.
매일 아침 그 얼굴을 보려고 눈을 뜹니다.

감사의 글

예수님의 사랑으로 내 삶을 어루만져준, 참으로 놀라운 사람들을 생각할 때 제 마음은 감사로 차오릅니다. 그분들의 이름과 그들이 내게 베푼 도움으로 이 지면을 채워봅니다.

먼저 책의 집필과 구성을 도와준 모든 분께 존경을 표하며,

톰 가드너(Thom Gardner) – 좋은 친구, 작가, 코치, 그리고 제게 용기를 북돋워주신 분. 당신은 제 영혼에 불을 붙여주었습니다. 그리고 강렬한 불꽃을 일으켜주었습니다. '과연 책을 써야 하는가' 쉬이 결정하지 못하고 미적거릴 때 당신은 제 발등에 불꽃을 떨어뜨려 주었습니다. 그 불꽃에 등 떠밀려 결국 저는 노트북 앞에 앉았습니다(물론 노트북까지 기어갔지만, 내내 당신이 저를 재촉해주셨습니다). 감사드립니다!

엘리스 잭슨(Elise Jackson) – 당신의 '빨간 펜'과 언어적 재능은 제게 큰 영감을 불어넣어 주었습니다. 장차 당신이 직접 책을 집필하여, 당신의 심장 고동이 수많은 사람의 마음을 움직일 수 있기를 기대해봅니다.

토드라 페인(Todra Payne) – 제게 통찰력을 주시고, 솔직한 비판 및 수없는 격려를 아끼지 않으신 것, 감사드립니다.

데브라 베네딕트(Debra Benedict) – 당신의 기도, 순간순간의 격려, 감사드립니다. 그리고 올바른 문법에 대한 당신의 열정 덕에 많은 도움을 받았습니다. 크게 감사드립니다!

팀 스퍼크(Tim Spirk) – 페이지마다 제가 정성을 다할 수 있도록 당신은 시간과 에너지를 들여 나를 도와주었습니다. 감사합니다.

톰 라이언, 하이디 라이언(Tom and Heidi Ryan) – 얼마나 창조적인 팀인지요! 사람들에게 하나님의 마음을 알려주는 당신들의 재능은 정말 대단합니다!

파키 애덤스, 벳시 애덤스(Parke and Betsy Adams) – 최종 교정 작업을 위해 휴가의 대부분을 사용하셨지요!?! 그대들을 향한 제 마음의 감사는 말로 다 표현할 수 없답니다.
(!?!: 이 부부가 책의 교열을 맡았다는 사실을 알리기 위해 저자는 장난삼아 이렇게 문장부호를 적었다–역자 주)

카렌 기어하르트(Karen Gierhart) – "자세히! 자세히! 자세히!" 항상 제게 관심 어린 질책을 건넸던 당신은 참으로 놀라운 도우미, 충성된 주님의 종, 그리고 좋은 친구입니다. 셰리와 저는 당신의 세상이 도래하기를 기대합니다!

추천의 글

데이브 헤스는 위대한 이야기꾼이다. 따뜻한 마음과 생생한 유머 덕에 그는 마치 오래 알고 지낸 벗처럼 다가온다. 그의 이야기는 '실화'다. 지극히 개인적인 사건들의 기록이다. 게다가 이 책은 영적인 통찰력으로 가득하다. 일단 읽기 시작하면, 중도에 멈추기가 힘들 것이다. 백혈병에서 기적적으로 치유되는 그의 이야기를 읽으며 당신은 그와 함께 웃고 또 그와 함께 눈물 흘릴 것이다.

찰스 스톡 & 앤 스톡(Charles and Anne Stock)
Senior Pastors, Life Center Ministries

데이브 헤스는 이 놀라운 자서전의 집필을 통해 하나님의 사랑과 치유 능력의 실체를 당신에게 알려줄 것이다. 이 책을 읽으면 기적을 향한 당신의 믿음과 기대는 한층 높아지게 될 것이다. 세계 곳곳에서 회자되는 기적의 간증과 더불어 데이브 헤스의 이야기 또한 하나님께는 능치 못할 일이 없다는 '살아 있는 증거'로 자리매김 될 것이다. 하나님 나라의 실상이 지금, 당신의 손안에 들려 있다.

체 안(Dr. Ché Ahn)
Author of 《강력한 능력전도의 비결》, 《Close Encounters of the Divine Kind》
President, Harvest International Ministry

《믿음을 넘어선 기적》은 내 생애 최고의 책 중 하나다. 소설처럼 읽히긴 하지만 실화다. 백혈병(혈액암)으로 사형선고를 받은 후 고통의 시간을 보내다가 기적적으로 살아난 한 남자의 자서전이다. 그렇다고 단순한 간증집으로 볼 수만은 없는 책이다—이 책은 한 남자의 일생을 그린 서사시이자, 죽음의 문턱에서 영광의 문에 이르는 대장정을 담은 기행문이다! 만일 당신이 지금 불가항력의 상황에 직면해 있다면, 절망의 모래 늪에 빠졌거나 어두운 계곡에서 길을 잃었다면, 이 책은 바로 당신을 위한 책이다. 《믿음을 넘어선 기적》은 빛나는 갑옷을 입은 당신의 기사(knight)다. 어두운 터널의 빛이다. 마지막 숨을 헐떡이며 깊은 물로 빠져가는 사람에게 던져진 생명줄이다. 기적을 바라는 모든 이의 필독서다!

크리스 밸러턴(Kris Vallotton)
Author of 《순결》, 《왕의 자녀의 초자연적인 삶》, 《Developing a Supernatural Lifestyle》
Founder of the Bethel School of Supernatural Ministry
Senior Associate Leader of Bethel Church

결코 흉내 낼 수 없는 데이브만의 화술 속에 그의 진심과 유머와 소망이 섞여 있다. 그의 치유 과정을 담은 이 방대한 드라마에는 가족, 친구, 교회 성도, 그리고 천국이 등장한다. 그런데 그 무엇보다 성경 말씀이야말로 이 믿음의 일기에 등장하는 최고의 영웅이리라. 데이브가 병원 침대에 누워 고통의 폭풍을 뚫고 항해할 때 말씀은 그에게 소망의 닻으로, 지혜의 돛으로 다가왔다.

키이스 E. 요더(Keith E. Yoder)
Author of 《Healthy Leaders》
Founder and President, Teaching the Word Ministries

이 책을 읽을 때, 당신은 울고 또 웃을 것이다. 그리고 하나님의 위대하심을 묵상하게 될 것이다. 만일 당신 혹은 당신의 사랑하는 사람이 암에 걸렸다면, 소망과 현실 사이에서 균형을 잡는 것이 필요하다-이 책은 당신이 이 땅의 관점과 천국의 관점 사이에서 균형을 잡도록 도와준다. 무엇보다 쉽고, 또 영감 어린 내용이 내게 큰 기쁨을 주었다.

레이첼 힉슨(Rachel Hickson)
Author of 《초자연적 중보기도》, 《Little Keys Open Big Doors》
Founder, Heartcry for Change

Hope Beyond Reason

목차

서문 14
머리말 18

1장 믿음의 여정 – 시작 20
2장 소망이 나를 붙들다 32
3장 열린 문 46
4장 사랑의 눈 58
5장 기도의 용사들 74
6장 용기의 은사 86
7장 붙드시는 손 104
8장 치유의 임재 116
9장 고통(재난)을 지나다 134
10장 나를 두른 방패 156
11장 얼굴과 얼굴을 맞대고 174
12장 주님께서 행하신 일 190
13장 표적(表跡)과 기사(奇事) 204

맺음말 213

서문

데이브 헤스의 《믿음을 넘어선 기적》을 읽으며 나는 수차례 눈물을 흘렸다. 이 책은 백혈병과 투쟁하는 한 남성의 이야기-사실적이면서 감동적인 이야기다. 내가 처음 데이브를 만난 것은 그가 생사를 다투며 병원에 누워 있을 때였다(데이브가 당시의 상황을 대신 전해주기를 바란다).

이후 나는 해리스버그 지역으로 이사한 뒤 그가 시무하는 Christ Community Church에 출석했다. 수년간 그에게서 참으로 많은 것을 배웠다. 데이브 헤스는 실로 나를 가르쳐준 최고의 스승 중 한 명이다. 또한 그는 사람들에게 긍휼을 베풀 줄 아는 목자다.

이제 데이브 헤스는 자신이 치렀던 '암과의 전쟁'을 지면에 담아냄으로써 온 교회 성도들에게 믿음의 도움을 건넨 셈이다. 이 책은 하나님의 신실함을 선포한 간증이다. 또 그의 가족이 붙들었던 믿음을 소개한 설명서이기도 하다. 그리고 인생의 가장 치열한 전투-곧, 죽음에 대항한 싸움-속에서 어떻게 믿음과 기도와 소망과 사랑을 붙들고 일어설 수 있는지를 설명한다.

책의 내용은 주의를 집중하게 만든다. 한번 책을 붙들면 멈출

수가 없다. 나는 새벽 네시 반이 넘도록 이 책을 놓지 못했다. 너무 피곤해서 더 이상 두 눈을 뜰 수 없을 때까지 읽고 또 읽었다-앉은 자리에서 거의 다 읽었다. 그리고 잠들었다. 잠에서 깨자마자 또다시 책을 펼쳐 읽기 시작했다.

혹시 지금 생명의 위협을 받으며 질병과 싸우는 사람이 있다면 이 책은 그들에게 강력한 메시지를 전달해줄 것이다.

《믿음을 넘어선 기적》은 사망선고와도 같은 우리의 삶 속에서 하나님이 어떻게 위대한 기적을 행하시는지를 보여준다. 하나님께서 그의 생명을 연장하시려고 행하셨던 모든 일은 그 자체로 위대한 기적이었다. 의심할 여지없이 데이브 헤스 목사는 자신이 시무하는 그 큰 교회가 치유 센터로 쓰임 받기를 갈망한다.

그러나 이 책은 위대한 하나님을 신뢰했던 위대한 신앙의 소유자, 그 한 사람만의 이야기가 아니다. 이 책에는 자신의 목회자를 사랑한 교회, 그를 위해 기도하는 성도, 그가 삶과 죽음 사이에서 고군분투할 때 그와 함께 싸우며 주님을 신뢰했던 위대한 교회의 이야기도 담겨 있다.

데이브 헤스 같은 친구가 있어서, 치유 사역의 동역자가 있어서 기쁘다. 그가 내 선임 목사, 그리고 지금은 작가가 되어주어 더더욱 기쁘다. 그는 인생의 위기에 서 있는 수많은 사람을 하나님께로 이끌어왔다. 또 그 위대한 사역을 해나갈 것이다.

가족 중 누군가가 병에 걸린 것을 알게 될 때 그 가족이 받을 충격은 이루 다 말할 수 없다. 그러므로 이 책은 데이브 개인만의 간증이 아니라 그의 가족에 대한 간증이기도 하다. 가장이 전쟁을 치를 때 가족들 모두가 그를 지탱해준 일, 그에게 용기를 북돋워준 일, 최후에는 승리를 쟁취한 일-이 모든 내용에 내 눈시울은 뜨거워졌다.

데이브의 교회에 출석하여 그의 설교를 들었던 몇 해 동안, 그는 자신의 투병에 대해 단 몇 차례만 언급했다. 친구인 내게도 자신이 치른 전쟁에 대해 아주 짤막하게 나누었을 뿐이었다. 그러므로 그동안 그의 투병 사실을 제대로 아는 사람은 거의 없었다. 결국 그의 간증이 지면에 실릴 필요가 대두되었다. 그가 경험했던 사건의 전말을 들어봐야 우리의 삶 속에 있는 산과 같은 문제들을 바다에 빠뜨리는 믿음과 사랑의 능력에 대해 온전히 이해하게 될 것이다.

위대한 이야기꾼인 데이브에게 감사를 표한다.

《믿음을 넘어선 기적》은 데이브 헤스가 발견한 승리의 '원칙'을 제시하는 책도, 당신이 그대로 적용한다면 동일한 승리가 보장된다고 확신을 주는 자기 계발 서적도 아니다. 이 책은 우리에게 승리를 안겨주는 '평강의 왕'과의 만남이 얼마나 중요한지를 피력한다. 또한 보혜사(요 14장에는 위로자, 모사, 조력자로 번역됨) 곧 성령이 행하시는 '친밀함'의 사역을, 또 그분의 놀라운 치유 역사를 찬양한다. 이렇게 《믿음을 넘어선 기적》은 치유받은 사람의 간증 이상으로 '치유자'의 간증을 들려준다.

Global Awakening Apostolic Mission Network
Author of 《그 이상을 갈망하라》, 《능력, 성결, 그리고 전도》,
《Lighting Fires》, 《God Can Use Little Ole Me》

랜디 클락(Randy Clark)

머리말

나는 당신을 위해 이 책을 썼다. 당신을 격려하기 위해!

삶은 어렵다. 때때로 불가능해 보인다.

가끔 우리네 인생이 영화 같았으면 하고 바란다. 영화에서는 무언가 안 좋은 일이 생길 때마다 그에 대한 전조(前兆)로 범상치 않은 음악이 흐른다-단조, 무거운 저음, 귀를 찢을 듯한 바이올린 현을 할퀴는 고음이 한데 어우러져 임박한 위험을 사전에 경고해준다. 그러나 우리의 삶은 그렇지 않다. 안 좋은 일들이 예고 없이 불쑥불쑥 일어나곤 한다. 몇 년 전 나와 내 가족의 경우가 그랬다.

한순간 우리 가족이 살아가던 세상이 무너져버렸다. 삶과 죽음 사이를 맨정신으로 지나야 했기에 일상생활은 물론 우리의 장기 계획까지 모두 중단되었다. 수많은 '현실'의 벽이 한꺼번에 우리 머리 위로 쏟아졌다!

이 모든 '현실'의 고통, 그 한가운데에 서서 우리는 진리를 찾아 헤맸다.

그리고 마침내 그분을 발견했다.

우리는 예수 그리스도께서 그분의 약속을 신실히 지키신다는 점을 확신하게 되었다. 그분은 말씀하신 대로 그대로 행하셨다. 그분의 본성인 '사랑'에 충실하셨다. 우리의 영혼을 진심으로 사랑해주셨다.

또한 주님은 우리의 상한 심령을 회복시켜주셨다. '기묘자이시며 모사'(wonderful counselor 놀라운 상담가)이신 예수 그리스도를 더 깊이 이해하게 되었다. 가장 거친 폭풍 속에서 주님은 우리의 피난처가 되셨다. 우리는 그 피난처를 향해 나아갔다. 선한 목자가 자기 양을 보살핌과 같이, 우리가 사망의 음침한 골짜기를 지날 때 예수님께서 우리의 목자가 되셔서 우리를 의의 길로 인도하셨다. 미끄러져 낙망하지 않도록 붙잡아주셨다. 주님에게서 떨어지지 않도록 우리를 가까이 이끄셨다. 우리를 치유해주셨다. 절망의 늪에서 건져주셨다.

주님은 우리 앞에 소망의 문을 여시고 우리가 그 문을 지날 수 있도록 인도해주셨다. 우리가 상상했던 것 이상의 평안을 선사해주셨다. 이성 너머에 있는 소망까지….

지금 주님께서는 당신을 위해 소망의 문을 열어주신다!

1장
믿음의 여정 – 시작

그는 흉한 소문을 두려워하지 아니함이여
여호와를 의뢰하고 그의 마음을 굳게 정하였도다 …
그의 대적들이 받는 보응을 마침내 보리로다(시 112:7-8)

1997년 11월 어느 늦은 저녁, 부엌 건너편에서 들려온 전화벨은 그 밤의 고요를 산산이 깨트렸다. 추수감사절을 3일 앞둔 월요일 저녁, 사실 내 마음은 이미 축제였다. 일단 귀에 거슬리는 벨소리부터 잠재워야겠기에(전화를 받아야 했기에) 부엌을 가로질러 전화기가 놓인 곳으로 걸어갔다. 그대로 놔두면 자동응답메시지로 전환될 것이 뻔했다. 이제부터는 전화기와 나와의 시합이다. 발을 내딛을 때마다 부엌의 마룻바닥은 삐걱거렸다. "우리는 지금 집에 없습니다"라는 자동응답메시지로 전환되기 전, 얼른 수화기를 낚아챘다. '인간 대 기계'의 싸움에서 이긴 것이다-소소한 승리감에 도취된 채 나는 살짝 미소를 지었다.

수화기에서 들려온 여성의 목소리에는 원망의 기색이 역력했다.

"헤스 씨, 도대체 어디 계셨어요?" 그 여성이 물었다. 그녀가 내뱉은 단어 하나하나에 '짜증'이 섞여 있었다. "오후 내내 찾았다고요! 도대체 어디 계셨어요?" 분이 안 풀린 목소리, 동일한 질문이 계속해서 내 귓전을 울렸다.

"죄송합니다. 제가 녹음된 메시지를 확인하지 않았네요." 마치 디지털 자동응답 기능 전화기가 나를 향해 야비한 미소를 날리는 것만 같았다. 인간 vs 기계 – 1:1

"환자분께서 의뢰하신 혈액 검사 결과가 나왔습니다. 매우 급한 상황이에요. 얼른 사무실에 오셔서 결과를 확인하세요." 여성은 다급한 어조로 말했다. 그 목소리에 밴 진지함 때문에 갑작스럽게 내 마음이 불안해졌다.

"네, 지금 당장 가겠습니다." 급하게 대답했다. 신발을 신으면서 자동차 열쇠를 쥐고 생각했다. '매우 급한 상황이라니? 도대체 뭣 때문일까? 혈액 검사한 지 불과 몇 시간이 채 지나지 않았는데, 내일 아침까지 기다려줄 수 없을 정도로 급한 일인가?'

새로운 한 주를 시작하는 월요일이었다. 월요일을 제대로 보내야 한 주를 잘 살 수 있지 않은가? 전형적인 월요일의 일과는 식료품 장을 보고, 집 안을 청소하고, 은행 업무 및 여러 잡다한 일거리들을 마무리하는 것으로 종료된다. 그런데 이번 월요일은 '전형'과는 거리가 멀었다. 일단 혈액 검사 때문에 오후 내내 병원에 앉아 있어야만 했다. 아내 셰리는 그 시간을 만회하고자 몇 가지 허드렛일을 매듭지으려고 외출 중이었다.

집을 나서면서 나는 열여섯 된 딸아이 베다니(Bethany)에게 이렇게 말했다.

"애야, 엄마 아빠가 없는 동안은 네가 이 집의 대장이란다. 네 동생 벤(Ben, 열두 살)과 브랜든(Brandon, 아홉 살)을 잘 보살펴주기 바란다."

사실 베다니는 대장 역할을 좋아한다—너무 좋아해서 탈이지만 말이다. 베다니가 남동생들에게 윽박지르는 것을 보면서 현관을 나섰다. 발걸음을 옮겨 차고로 향했다. 내 마음이 여러 가지 복잡한 생각에 묻힐 즈음, 내 몸에서는 조금씩 힘이 빠져나갔다. 조심스럽게 후진해서 차를 빼낸 뒤, 갓길에 올라 이내 도로를 달리기 시작했다. 자동차는 내 인생 중 가장 혹독한 폭풍으로 기록될 '시기'를 향해 돌진했다.

지난 몇 달 동안 나는 이유를 알 수 없는, 마치 감기 증세처럼 보이는 '피로'와 싸워왔다. 물론 그 기간 동안 이상한 증상도 여러 번 나타났다. 한번은 등받이에 격자무늬가 새겨진 나무 의자에 앉아 있다가 일어나서 보니 내 등에 동일한 패턴의 무늬가 찍혀 있었다. 그것도 여기저기 시퍼런 멍과 함께 말이다. 그리고 어떤 날에는 팔과 다리 곳곳에 검푸른 멍 자국이 듬성듬성 나 있기도 했다. 눈의 흰자가 황색 비슷한 색깔로 변하기도 했다. 마치 날마다 새로운 '흉측한 증세'가 나타나 나를 반겨주는 것 같았다.

잇몸 출혈이 멈추지 않기도 했다. 이 증상은 식료품을 사려고 마트에 갔던 어느 토요일 오후에 나타났다. 마트 앞 주차장에 자동차를 세운 후, 백미러를 보며 살짝 미소를 지어봤는데, 그 미소는 핏빛이 선명한, 그것도 너무도 '빠알간' 미소였다. 나는 화들짝 놀랐다. 얼른 이에 묻은 피를 닦고, 마트 안으로 들어갔다. 재빨리 집에 돌아갈 심산이었기에 빛의 속도로 쇼핑했다. 몇 가지 물품을 계산대 위에 올려놓고 계산을 마친 뒤 점원을 향해 살짝 미소를 지어 보였다. 마트를 나서려는 순간 그녀의 화들짝 놀라는 모습이 나를 경직시켰다.

"손님, 잇몸에서 피가 나는데요?" 그녀는 손가락으로 내 입을 가리키며 말했다. 그녀의 놀란 가슴(그리고 나의 놀란 가슴도)을 진정시키려고 나는 농담을 건넸다.

"방금 육류 진열대에서 소고기 구이를 시식했거든요. 그래서 그런가 보네요."

왜 그런 말을 했는지…. 세상에, 어디서 그런 재미없는 농담이 튀어나왔는지 도무지 알 수 없었다. 아무도 웃지 않았다. 기분만 씁쓸해졌다. 그 가련한 점원은 더더욱 의아해하는 표정이었다. 그리고 나 또한 혼란스러웠다.

'내 몸에 무슨 일이 일어나고 있는 걸까?'

나는 피곤했다. 매우 피곤했다. 게다가 몸 곳곳에 나타난 이상한 멍 자국은 내 마음에 짙은 안개를 드리웠다. 모든 감각이 둔해지는 느낌이었다. 마치 내 주위 사람들과 주변에서 일어나는 사건들로부터 격리되는 것 같았다. 내 육신은 감옥처럼 느껴졌다. 감옥에 갇힌 채, 내 주변에 일어나는 일들을 먼발치에 서서 바라보는 느낌이었다. '삶'은 나로부터 그렇게, 멀어져만 갔다. 하지만 탈출할 수 없었다.

'잇몸에서 피가 나는 것은 치실을 너무 자주 사용한 탓이리라' – 눈살을 찌푸리며 치실 사용의 장점을 피력하던 치과 의사의 얼굴을 떠올렸다.

잇몸 출혈 이외의 여러 가지 증상 역시 나날이 심각해져갔다. 덜컥 겁이 났다. '무언가 잘못된 것이 분명하다. 심각한 문제가 일어나고 있다.'

유쾌하지 않았던 '식료품 쇼핑'의 다음 날은 추수감사 주간의 시작을 알리는 주일이었다. 당시 나는 펜실베이니아 해리스버그 근교에 위치한 교회에서 시무하고 있었다. 주일 예배 전 친구들을 집으로 초청해서 잠깐 말씀을 나누곤 했는데 그 모임을 어찌나 사모했던지, 주님의 말씀으로 그들을 격려하는 것은 그 시절 내게 가장 큰 기쁨이었다. 비록 몸 상태는 안 좋았지만, 그 주일 아침도 나는 사랑하는 사람들과의 만남, 그들과의 말씀 교제를 무척이나 기대했기 때문에 잠자리에서 일어났다. 아주 천천히….

나와 아내는 1989년에 해리스버그로 이주했다. 우리가 그곳으로 이사한 것은 베다니 태버나클(Bethany Tabernacle) 교회에 출석하기 위해서였다. 우리 부부가 그 교회로부터 큰 영향을 받은 것은 1970년대 초반, 아내와 내가 메시아 대학(Messiah College)을 다닐 때였다. 아내와 나는 비교적 '점잖은' 신앙 환경에서 자랐다. 하지만 우리의 마음은 곧 그 교회의 따뜻하고, 친절하고, 활기찬 분위기에 녹아내렸다. 문화적 충격이 없지는 않았으나 쉽게 극복할 수 있었다. 우리는 그 교회 성도들의 열정과 주님을 향한 헌신에 매료되었다.

결론부터 말하자면 나는 이 위대한 교회의 세 번째 목회자가 되었다. 나보다 앞서 시무하셨던 두 분의 목회자, 러셀 티데이(Russell Tiday), 래리 타이터스(Larry Titus) 목사님은 참으로 경건한 하나님의 종이셨다. 그분들이 닦아놓은 터전은 지금도 견고하며, 그분들이 뿌린 사랑의 씨앗은 지금도 훌륭한 열매를 맺고 있다.

대학 시절, 러셀 목사님에게 참으로 많은 것을 배웠다. 그분은 예수 그리스도의 성품을 본받는 것이 가능하다는 점을, 또 예수님과 직접 대화할 수 있다는 점을 내게 가르쳐주셨다. 삶의 궁극적인 인도자로서 주님을 영접하고 따르게 된 것도, 나를 향한 그분의 사랑을 더 깊이 체험한 것도 러셀 목사님을 통해서였다. 그분과 함께했던 사역의 현장에서 예수님의 능력을 체험하기도 했는데, 공생애 동안 예수님이 치유하시고 사람들을 회복시키셨던 것과 동일한 일들이 내 눈앞에서 벌어졌다. 러셀 목사님은 이러한 예수님의 능력이 내 삶에도 동일하게 역사할 수 있음을 가르쳐주셨다. 그래서 나는 그렇게 '믿었다.'

신혼 시절, 셰리와 나는 두 개의 시골 교회를 섬기기로 결심하고 그렇게 실천했다. 하지만 문제가 있었다. 아내는 서점에서 일하는 직장인이었고 나는 신학대학원 학생으로 매일같이 학교에 출석해야 했다. 너무도 빈약한 목회 경험과 풀타임 직장인, 풀타임 학생이라는 조건이 맞물리자 그 결과는 참담했다. 우리 부부는 물론 우리가 섬겼던 두 개의 교회 모두 엄청난 대가를 치러야 했다. 각각의 교회가 둘로 나눠지는 고통을 겪었다. 결국 교회는 새로운 사역자를 구했고 나는 다른 직업을 찾아야 했다.

래리 타이터스 목사님을 만났을 당시, 나는 교회 사역에 환멸을 느낀 '전직 목회자'였다. 그 지역의 한 양로원에 취직하여 행정 업무를 보고 있었는데 새로운 일자리를 구한 것은 감사한 일이었다. 그렇게 아내와 나는 변화된 삶에 잘 적응했다. 양로원에 상주하는 분들은 내게 또 다른 가족과 같았으니 기억을 더듬어보면 참으로 행복한 시절이었다. 또 퇴근하면 가족과 함께 시간을 보낼 수 있어서 좋았다. 게다가 더 이상 교회 사역의 짐을 부담하지 않아도 되었으니 실로 금상첨화였다. 나는 '목회자'였던 과거의 신분을 뒤로한 채, 현재의 삶을 즐기기 시작했다. '전직 목회자', 즉 지금은 더 이상 목회를 하지 않는다는 사실이 즐거웠다. 하지만 마냥 행복한 것은 아니었다. 내 마음 깊은 곳에서 무언가가 끊임없이 요동쳤다. 하나님께서 나를 창조하신 목적, 나를 부르신 그 부르심으로 돌아가야 한다는 내적 부담감이랄까?

아내의 재촉에 못 이겨 래리 목사님께 전화를 했다. 상담을 요청하기 위해서였다. 그런데 놀랍게도 래리 목사님께서는 내게 부교역자직을 제안하셨다. 나는 그저 상담을 받으려고 했건만 목사님은 나를 채용해주셨다.

"목사님, 제 사정이 말이 아닙니다. 정말 엉망이에요."

수없이 이 점을 확신시켜드리려고 노력했으나, 래리 목사님은 내 마음속 '환멸감' 그 너머를 바라보시며 내 심장을 향해 소망의 말씀을 던져주셨다. 내가 스스로를 믿지 못해 힘들어했던 때였으나, 래리 목사님은 나를 믿어주셨다. 그렇게 다시금 목회를 시작하게 되었다.

추수감사 주간의 시작을 알리는 주일 아침, 나는 그날도 친구들의 믿음을 북돋워줄 말씀을 준비했다.

하지만 그날따라 나를 깨우는 셰리의 목소리가 멀리서 들려오는 것 같았다. 몸 상태가 너무도 안 좋았기에, '잠에서 깨는' 것이 아니라 '잃었던 의식을 되찾는' 느낌이었다. 겨우 침대에서 일어나, 녹초가 된 몸을 씻고, 양치질을 하고, 옷을 갖춰 입었다. 침실 문을 나설 때 잇몸의 출혈 증상이 더욱 심해진 것을 알아챘다. 그래서 손수건 몇 장을 더 챙겨 주머니에 넣었다.

그날 내 마음을 고동치던 말씀은 히브리서 11장이었다. 흔히 '믿음 장'이라고 부르는 말씀이었다.

피곤한 기색을 겨우 감추고, 마음 깊은 곳에서 올라온 말씀을 나누기 시작했다.

"믿음은 하나님이 주시는 선물입니다." 이렇게 선포했다. "하나님은 우리에게 믿음을 선물로 주셔서, 우리로 그분의 약속을 믿게 하십니다…비록 그 약속의 성취를 경험하지 못하더라도 하나님께서 주시는 믿음이라는 선물 때문에 우리는 그분의 약속을 붙들 수 있습니다." 말하는 내내 계속해서 손수건을 입에 가져가며 피를 훔

쳐내야 했다.

"주변의 모든 것이 우리를 혼미케 할 때에도 하나님은 우리에게 힘을 주십니다. 그분을 신뢰하게 하십니다. 생명을 위협하는 폭풍 가운데에도 우리는 하늘 아버지를 믿을 수 있습니다. 그분은 강한 팔로 우리의 삶을 붙드십니다. 그리고 부드럽게 말씀하십니다. '나를 신뢰하라!'"–1997년 11월 추수감사절을 앞둔 주일 아침, 내가 친구들에게 전했던 말씀이다.

장차 내게 일어날 일련의 사건들 속에서 이 말씀의 위대한 진리가 얼마나 중요한 역할을 하게 될지 그날 아침에는 알지 못했다. 하지만 믿음의 선물이 얼마나 강력하고 또 끈질긴지 차차 배우게 될 예정이었다.

그 주일 아침 이후의 일들이 어떻게 진행되었는지는 가물가물하다. 나는 온 종일 잠을 잤다.

다음 날, 증상은 훨씬 더 심해졌다. 밤사이 내 혀는 검은색 돌기로 뒤덮였고 검은 빛깔의 수포가 구강 안쪽까지 번져 있었다. 증상을 살피더니 셰리는 대뜸 "여보, 더는 안 되겠어요. 고집부리지 마세요. 의사를 부르겠어요!"라고 말했다. "그래요. 그렇게 합시다." 곧바로 수긍하자, 오히려 놀라는 쪽은 아내였다. 나는 그동안 의사를 기피해왔다. 다들 알다시피, 의사들은 항상 우리 몸속에 무언가를 넣거나, 몸에서 무언가를 빼내거나 혹은 무언가를 검사한다. 사실, 이 모든 것이 끔찍한 일 아닌가?

하지만 내 몸이 극도로 쇠약해져가고 있음을 알았기 때문에 더 이상 기피할 수만은 없었다. 그날 아침도 몸 상태는 최악이었다. 나는 의식을 차리려고, 깨어 있으려고 부단히 노력해야 했다. 내 건강을 악화시키는 원인을 찾기 위해 우리 부부는 검진 센터로 향했다. 한 시간도 안 되어 병원에 도착했다. 그곳의 한 젊은 의사가 우리를 친절하게 맞아주었다. 나는 그에게 그동안의 증상을 상세히 설명해주었다. 그는 잠잠히 내 이야기를 듣더니 다양한 종류의 혈액 검사를 위해 대학병원에 갈 것을 권유했다.

그 후로 몇 시간이 지나서, '문제의 전화'를 받게 된 것이다. 수화기 너머의 여성은 검사 결과를 확인하기 위해 내원할 것을 종용했다. 그녀의 목소리 톤으로 판단할진대, 결과는 그리 썩 좋을 것 같지 않았다.

🌿 소망을 적는 나만의 일기장

 로마서 4장 19절은 "그가 백세나 되어 자기 몸이 죽은 것 같음을 알고도 믿음이 약하여지지 아니하고…"라는 표현으로 아브라함을 소개한다. 물론 불가항력의 어려움에 처했다는 상황 자체는 우리의 믿음이 약해졌다는 증거가 아니다. 참된 믿음은 '진실한' 믿음, '가장하지 않는' 믿음을 뜻한다(딤후 1:5의 말씀을 NIV와 KJV로 각각 살펴보라). 참된 믿음은 현실의 어려움을 무시하는 태도도 아니고, "난 어렵지 않아"라고 말하며 진실을 왜곡하는 것도 아니다.

🌿 지금 당신이 직면하고 있는 불가항력의 어려움은 무엇인가?

로마서 4장 20-21절은 "믿음이 없어 하나님의 약속을 의심하지 않고 믿음으로 견고하여져서 하나님께 영광을 돌리며 약속하신 그것을 또한 능히 이루실 줄을 확신하였으니"라고 아브라함의 믿음에 대해 덧붙여 말한다.

❧ 현실의 고통을 무시하지 마라. 그러나 하나님께서 당신에게 주신 약속, 현실의 어려움보다 더 강력한 하나님의 약속이 무엇인지 생각해보라. 아래에 하나님의 약속을 적어보기 바란다.

2장
소망이 나를 붙들다

네가 고난 중에 부르짖으매 내가 너를 건졌고(시 81:7a)

자동차로 15분 정도가 소요되는 거리였건만, 검사 결과를 듣기 위해 이름 모를 의사를 찾아 마을을 가로질러야 하는 여정은 '영원' 그 자체였다. 차 안에는 나 혼자뿐이었다. 끊임없는 질문이 내 머리를 맴돌았다. 내 마음속 극장 스크린에는 '출처를 알 수 없는 두려움'이 만들어낸 시나리오가 영화화되어 상영되고 있었다. 이내 상상의 창을 통하여 두려움의 감정이 밀려들기 시작했다.

'내게 무슨 일이 일어나는 걸까? 이 밤에, 의사를 만나 검사 결과를 들어야 할 만큼 시급한 사안일까? 왜 전화기 저편의 여성은 더 자세히 말해주지 않았을까?'

이후 머릿속에는 온통 아내 생각뿐이었다. 당시에는 휴대전화기가 없었기 때문에 아내에게 연락할 방도가 없었다. '지금 아내가 내 옆에 있어준다면 얼마나 좋을까?' 아내 생각이 간절했다. 아내가 집에 도착하면, 딸아이는 이 상황을 뭐라고 설명할 것인가? 내가 아이에게 말한 정보들이 아내에게는 얼마만큼이나 제대로 전달될 것인가? 아내는 아마도 암호를 푸는 심정일 텐데⋯.

셰리는 내 삶의 기쁨이다. 1974년 우리는 메시아 대학에서 만났다. 처음 우리의 눈이 마주쳤던 것은 북적대는 교내 식당에서였다. 너무도 오래된 일이다. 어쩌면 그때 우리의 눈이 마주치지 않았을지도 모른다. 그저 나 혼자만의 상상일 수도 있다. 물론 나는 그녀를 바라보았다. 확실히 바라보고 있었다. 아내는 내 머리 위쪽에 걸린 메뉴판을 보고 있었는지도 모른다.

며칠 뒤, 나는 셰리와 함께 한 테이블에 앉아 식사할 기회를 얻었다. 신입생 오리엔테이션이 진행되었는데 무작위 추첨을 통해 그녀와 내가 한자리에 앉게 된 것이었다. 우리는 서로 마음이 통했다. 식사 시간 내내 이런저런 이야기를 나누었다. 그녀와 함께했던 매분 매초가 기쁨이었다. 수년간 나는 여성과 대화하는 것을 무척이나 부담스러워했다. 마주 보고 대화할라치면 긴장하기 일쑤였고 전화 통화마저 끔찍한 일처럼 여겼을 정도다. 대화 중 잠시 동안의 '휴지'(休止)는 내게 '영원'의 시간과도 같았다. 미리 대화 주제를 선별해서 그것을 종이에 적은 뒤 전화기 옆에 놓아두어야 안심하고 다이얼을 돌릴 수 있었다. 그런데 셰리는 달랐다. 말 걸기도 쉬웠고, 그녀의 이야기를 듣는 것도 즐거웠다. 그 밤의 만남이 끝나지 않기를 소망했다.

　같은 수업을 들으면서 우리는 더욱 가까워졌다. 결국 나는 갈색 눈의 여성, 삶을 열정적으로 사랑하는 이 여성에게 푹 빠져버렸다. 셰리는 예수님을 깊이 사랑하는 여인이었다. 늘 예수님에 대해 이야기했고, 마치 옆에 예수님이 계신 것처럼 예수님과 대화했다. 그녀와 함께할 때마다 나는 주님의 임재를 느낄 수 있었다.

　나 역시 주님을 따르는 사람이었다. 하지만 나와 그분의 관계는 그 정도로 친밀하지 않았다. 당시 주님과 나와의 관계는 내적인 기쁨은 배제된 채, 외적인 규칙만 무성했던 종교적 관계였으리라. 이러한 내게 셰리는 주님과 대화하는 법, 주님의 음성을 듣는 법을 가르쳐주었다.

　셰리 덕에 나는 주님을 더 많이 갈망하게 되었다.

　얼마 후, 나는 주님의 생생한 임재의 강물 속으로 더 깊숙이 빠져드는 나 자신의 모습을 보았다. 끊임없이 성령 충만한 삶의 패턴대로 살아가면서, 또 어떻게 그러한 삶을 유지할 수 있는지를 배우면서, "그래, 바로 이러한 삶을 누리게 하시려고 예수님께서 날 위해 돌아가셨구나!" 하고 감탄했다. 매 순간 나는 이러한 삶을 사모했다.

　셰리와 함께, 그리고 몇몇 친구와 더불어 우리는 주님의 임재 안에서 점점 더 많은 시간을 보냈다. 우리는 주님을 경배했다-예수님에 '관한' 찬양을 부른 것이 아니라 예수님 '께' 찬양을 올려드렸다. 주님은 우리의 예배를 기뻐하셨다. 주님이 기뻐하시는 것을 느낄 수 있었다.

　기도하는 법도 배웠다. 셰리는 내게 '식사 기도', '안전 운전을 위한 기도'가 기도의 전부가 아님을 가르쳐주었다. 일용할 양식 혹은 안전과 건강의 복을 비는 것-그 이상의 기도를 배우게 되었다. 사실 셰리는 성경만큼이나 크고 원대한 기도를 드렸다. 역사를 변화시키는 기도, 온 세상을 뒤흔드는 기도 말이다. 셰리의 가르침 덕분에 나는 '계시의 영'을 구하며 하나님을 더 잘 알게 해달라고 기도할 수 있었다. 그뿐만이 아니다. 처음으로 부흥을 간구했다. 기적이 일어날 것을 기도했다. 그리스도를 열정적으로 따르는 세대가 일어나기를 간구했다. 실로, 이 위대한 여인은 내가 안주하던 거처를 완전히 뒤엎어놓았다. 그리고 나는 깨달았다. 셰리와 함께하는 것이 얼마나 즐거운 일인지를!

　비록 셰리에 대한 나의 감정은 특별했으나, 1학년 내내 셰리와 나는 여러 다른 친구들과 함께 어울려 지냈기 때문에 그녀를 향한 내 애틋한 마음은 아무도 눈치채지 못했을 것이라고 생각했다. 그런데 어느 날 내 룸메이트가 '내 이럴 줄 알았어. 어째 둘의 분위기가 심상치 않더군!' 하는 표정으로 나를 쳐다보는 것이 아닌가? 별명이 '족제비'(Weasel, 위젤)였던 내 룸메이트 래리 윗젤(Larry Wetzel)은 사람의 마음을 꿰뚫어보는 눈을 가졌던 모양이다. 세상에! 그 아이가 내 마음을 '감찰'해버렸다. 게티즈버그 출신의 이 친구는 '넌센스'라곤 찾아볼 수 없는 참으로 이성적인 성경 교사였으므로 내게는 꼭 필요한 친구였다. 어쨌든 래리에게는 아무것도 감출 수 없었다. 특히나 내 어머니가 만들어주신 초콜릿 쿠키를 래리 몰래 감추기란 하늘의 별따기처럼 어려웠다. 이미 래리는 내 머릿속 생각을 읽고 있었기 때문이다.

결국 이 친구에게 사실을 털어놓았다. 그러면서 스스로에게도 솔직해질 수 있었다. 나는 셰리를 사랑했다. 또 그녀에게 내 여생을 바칠 각오도 되어 있었다.

어느 날 용기를 내어 셰리에게 사랑을 고백했다. 내 마음은 기대로 부풀어 올랐다. 나의 고백과 동시에 밤하늘은 아름다운 불꽃으로 화려하게 장식되리라! 우리 두 사람은 데이지꽃이 만발한 들판을 내달리다 서로의 품에 안겨 뒹굴겠지! 이러한 장면을 상상하면서 "사랑합니다"라고 고백했다.

아뿔싸!

진심을 담은 내 사랑의 고백이 끝남과 동시에 내 마음속 한껏 부풀었던 기대감 역시 '일장춘몽'으로 끝나버렸다.

"어…그래요? 그럼 기도해봐야겠네요!" 내 프러포즈에 대한 그녀의 답변이었다.

나는 셰리의 그러한 모습을 사랑했다.

지금도 나는 내 아내의 그러한 모습을 사랑한다.

1978년 여름, 셰리와 나는 결혼식을 올렸다. 예수님을 영접한 사건 다음으로 내 생에 가장 귀한 순간이었다.

병원을 향해 내달렸던 그 월요일 밤, 내 머릿속에는 셰리뿐이었다. '지금, 셰리가 내 곁에 있었으면…' 하는 마음이 간절했다. 병원에 도착하여 주차했을 때, 시곗바늘은 밤 여덟시를 가리켰다. 늦가을의 하늘은 쉽게 어두워진다. 주차장 위로 펼쳐진 하늘은 이미 검게 물들어버렸다. 차가운 바람이 메말라가는 나뭇잎을 흩뜨리고 있었다. 그렇게 가을밤은 적막했고 내 마음은 으스스했다.

병원 문을 지나 삭막한 대기실로 걸어갔다. 대부분의 직원은 퇴근하고 없었다.

"안녕하십니까?"라고 인사하는데 목소리가 갈라져 나왔다. 목이 잠겼던 모양이다. 영락없이 변성기를 지나는 중학생의 목소리였다. 저편에서는 비장한 표정의 여 의사가 나를 향해 걸어오고 있었다. 그녀의 구두굽이 타일 바닥에 닿을 때마다 '또각또각' 거리는 소리가 복도 전체를 쩌렁쩌렁 울렸다. 그녀의 발걸음 소리는 내 마음처럼 비장했다.

캐시(Kathy) 선생님이 내게 손을 내밀며 악수를 청했다. 손은 따뜻했으나 얼굴은 수심으로 가득했다. 그녀가 앞장서고 나는 뒤따랐다. 우리는 복도를 지나 어떤 검사실 앞에 도착했다. 아직 퇴근하지 않은 직원들이 산더미처럼 쌓인 서류들을 정리하느라 분주하게 움직이는 모습이 포착되었다. 이후 내 시선은 검사실 정면에 붙은 푯말을 향했다.

'암·종양 검사실'

'아…캐시 선생님은 암 전문의시구나! 그렇담, 내가 암에 걸렸다는 말인가?'

검사실 문을 열고 안으로 들어갔다. 선생님은 내게 앉을 것을 권했고, 나는 검사대 테이블 앞에 자리를 잡았다. 주름이 많이 잡힌, 흰색 종이로 덮여 있는 검사대였다. '도대체 무슨 말을 듣게 될까?' 궁금해서 미칠 지경이었다.

캐시 선생님은 먼저 혈액 검사 결과를 알려주면서 긴 이야기의 서막을 열었다. 어떤 복잡한 절차를 거쳐 혈액 검사가 진행되었는지도 상세하게 설명해주었다. 그 외에도 수많은, 잡다한 정보들이 내 머리를 사정없이 흔들어댔다. 그 모든 설명을 들었건만 무슨 말인지 도통 이해가 안 갔다. 두 귀를 연 채 그저 멍하니 앉아 있을 뿐이었다.

'고등학교 생물 시간에 좀 더 열심히 공부할 걸…' 후회가 막급했다.

'의학 박사 마커스 웰비(Marcus Welby, M.D.)라는 드라마라도 열심히 봐둘 걸…' 이러한 생각뿐이었다.

긴 서론을 마친 후, 그녀는 다시금 천천히 입을 열어 말했다.

"헤스 씨… 암에 걸리셨습니다."

암이었다. 결국 모든 미스터리가 풀렸다.

충격적인 사건을 경험한 사람들이 거치게 된다는 '단계적 반응'에 대해 들어본 적이 있는가? 쇼크, 부인(사실을 인정하지 않음), 분노 등… 하지만 나는 한꺼번에 이 모든 단계를 거쳤던 것 같다.

캐시 선생님이 말을 이었다. "백혈병에 걸리셨어요. 암세포들이 체혈을 조성해내는 기관에 공격을 가하고 있습니다." 짧은 순간이었지만 무척 풍성한 지식을 체득할 수 있었다. 내 혈액 속 백혈구가 미성숙한 상태이기에 제 기능을 다하지 못한다는 사실, 백혈구가 너무나 약해서 감염원을 물리치지 못한다는 사실을 알게 되었다. 내 혈액 속에는 이처럼 제 기능을 발휘하지 못하는 백혈구가 과도하게 많았다. 그뿐만 아니라 혈액 응고 역할을 담당하는 혈소판은 극소량만 존재한다고 했다. 이로써 원인을 알 수 없는 멍 자국, 피가 멈추지 않고 흐르는 증상이 설명되었다. 혈액 속 적혈구마저 기형적인 백혈구의 기능에 의해 그 수가 현저히 줄어들었다고 했다. 결국 내 혈액 속에는 적혈구보다 기형 백혈구의 수가 더 많았다. 적혈구는 온몸에 산소를 공급해주는 역할을 하기 때문에 적혈구가 모자라면 체내 유보 산소량도 적어진다. 이로써 원인을 알 수 없는 피로가 설명되었다.

"만성이기를 바랐습니다. 만성 백혈병은 병세가 느리게 진행되기 때문에 치료가 가능하거든요. 하지만 선생님의 경우는 급성 골수 백혈병입니다. 병세 확산이 빠른 경우이지요. 물론 우리는 최선을 다할 것입니다. 오늘 밤, 입원하시고 즉시 키모테라피(화학 치료)를 받으셔야 합니다."

나는 하룻밤만 더 집에서 머물 수 있도록 허락해달라고 부탁했다. "가족에게 이 상황을 알려줘야 합니다. 그리고 기도해야 해요. 그러니 오늘은 집으로 가겠습니다."

그녀는 기꺼이 허락해주었다. "하지만 내일 아침 골수 검사를 받으셔야 하니까, 일곱시까지는 병원에 오셔야 합니다." (골수 검사로 아침을 열다니, 하루를 시작하는 정말 멋진 방법이 아닌가!)

캐시 선생님과 동료 의사 한 분이 병원 현관까지 배웅해주었다. 두 분 모두 나를 따뜻하게 안아주었다. 그리고 나는 칠흑 같은 어둠 속으로 걸어 들어갔다.

잠시 동안, 텅 빈 주차장에 홀로 서 있었다. 11월 밤의 쌀쌀한 바람은 내 영혼에 일고 있는 폭풍의 모습을 고스란히 대변해주었다. '가족에게 뭐라고 말해야 하나?'

아내와 아이들의 얼굴이 아른거렸다. 큰딸 베다니는 제 나이에 걸맞은, 자신만만한 리더였다. 아마 이 사태를 잘 헤쳐 나갈 것이다. 집에 도착했을 때 알게 된 사실이기는 하지만 사실 베다니는 어느 정도 내 건강 상태를 파악하고 있었다. 아이는 나름의 결론을 내린 후 즉시 사람들을 불러 모아 기도 모임을 시작했다.

둘째아이 벤. 당시 열두 살이었던 이 아들은 생각이 깊고 남을 배려할 줄 아는 아이였다. 비록 다른 형제들보다 말수는 적었지만 날카로운 눈을 가진 관찰자였다. 꾸준히 관찰하는 탁월한 통찰가였다.

에너지가 넘치는 막내인 아홉 살배기 브랜든. 즉흥적 천재성은 외탁한 모양이다. 엄마의 다양한 재주를 쏙 빼닮았다. 끊임없이 움직여야 하는 아이, 음악을 만들어내거나 형, 누나를 끊임없이 웃게 만드는 재간둥이다.

내가 암에 걸린 사실에 가장 큰 충격을 받을 사람은 지난 19년간 내 곁을 지켜주었던 아내 셰리이리라. 하지만 그녀는 분명 이 모든 상황을 이겨낼 것이다. 전에도 그랬던 것처럼, 그리고 늘 그래왔던 것처럼, 지금 또다시 아이들 한 사람 한 사람의 치어리더가 되어 그들에게 희망과 용기를 북돋워줄 것이다. 이것이 바로 하늘 아버지의 강한 팔을 의지하며 그 힘의 강력을 간구하는 딸의 모습 아닌가? 그러나 셰리의 내면 깊은 곳에서, 나는 겁먹은 딸의 모습도 발견할 수 있었다.

"하나님, 나 충격받았어요!" 내 우렁찬 목소리가 주차장 위, 그 슬픈 밤하늘을 가득 메웠다.

순간 고요한 목소리가 내 영혼을 향해 이렇게 속삭였다.

"난 놀라지 않았단다. 그리고…" 분명히 주님의 목소리였다.

"바로 이 순간을 위해 내가 너를 준비시켰단다."

이후 폭풍을 뚫고 나온 번개의 섬광처럼 성령님의 강력한 음성이 내 안을 채우기 시작했다. 하나님의 임재에 관한 말씀들이 연거푸 마음속에 떠올랐다. 이 말씀들은 끊임없는 파도처럼 밀려와 계속하여 내 영혼에 닿았다.

내 영혼아 네가 어찌하여 낙심하며 어찌하여 내 속에서 불안해 하는가 너는 하나님께 소망을 두라 그가 나타나 도우심으로 말미암아 내가 여전히 찬송하리로다(시 42:5)

내가 결코 너희를 버리지 아니하고 너희를 떠나지 아니하리라(히 13:5b)

> 나는 여호와요 모든 육체의 하나님이라 내게 할 수 없는 일이 있겠느냐(렘 32:27)

> 사람으로는 할 수 없으나 하나님으로서는 다 하실 수 있느니라(마 19:26)

나는 오열했다. 하지만 뺨을 타고 흐른 것은 절망의 눈물이 아니었다. 감사의 눈물이었다. 폭풍 속에서도 하나님이 내 곁에 계신다는 사실에 감사했다. 그분의 사랑에 내 마음이 압도되었다.

가족을 만날 준비가 되었기에 차에 올라탔다. "욱여쌈을 당하여도…답답한 일을 당하여도 낙심하지 아니하며"(고후 4:8 참조)라는 바울의 고백이 '새로운 깨달음'으로 다가왔다.

나는 욱여쌈을 당하고 답답한 일을 당한 상태였다.

하지만 결코 소망의 끈을 놓지 않았다.

소망을 적는 나만의 일기장

바울은 삶에서 직면해야 했던 어려운 상황들에 대해 공공연히 이야기했다. "답답한 일을 당하여도 낙심하지 아니하며"(고후 4:8).

"답답한 일을 당한다"(perplexed)는 말은 '의심하는 상태, 어느 곳으로 가야 할지 모르는 상태, 무엇을 해야 할지, 어떻게 결정해야 할지를 모르는 상태' 다.[1]

❧ 바로 지금, 당신을 짓누르고 있는 답답한 일은 무엇인가?

"낙심하지 아니하며"(not in despair)는 '답답한 일이 일어나도 완전한 실망감에 압도되지 않는다. 자원이 모두 끊어지는 것은 아니다. 혹은 모든 소망의 줄이 사라지지는 않는다' 라는 뜻이다.[2]

❦ 답답한 일이 일어날 때, 주님께서 당신에게 어떠한 자원을 공급해주시리라 확신하는가?

1. Thayer's Greek Definitions.
2. Ibid.

3장
열린 문

거기서 비로소 그(녀)의 포도원을 그(녀)에게 주고
아골 골짜기로 소망의 문을 삼아주리니 (호 2:15a)

우리의 기억이 특정한 장소(지리)와 결부되는 경우가 종종 있다. 어떤 장소에 가면 나도 모르게 좋은 기억 혹은 나쁜 기억이 떠오르곤 한다-특정 사건과 그것이 일어난 장소가 자연스럽게 연결되는 경험을 말하는 것이다. 게티즈버그는 어떤가?(남북전쟁 중 에이브러햄 링컨이 연설했던 곳-역자 주) 예루살렘은? 히로시마, 컬럼바인(총기 난사 사건이 일어난 고등학교-역자 주), 여리고, 월드트레이드센터(911 사태 현장-역자 주), 그리고 (마가의) 다락방은?

위에 언급한 장소는 모두 '아골 골짜기'로 대변되는 곳이리라. 아골! 이 이름을 아는(들어본) 사람은 모두 등골이 오싹해지는 기분일 것이다. 아골(Achor)은 '괴로운' 혹은 '방해받는'이라는 뜻의 히브리 단어다. 아간(Achan)과 그의 일가족 모두를 돌로 쳐 죽인 장소이기에 붙여진 이름이다.

아간은 여호수아가 이끄는 이스라엘군의 주요 리더 중 한 명이었다. 하지만 그는 여리고를 무찌르는 과정 중, 전리품을 취하지 말라는 하나님의 '분명한' 명령을 어겨 이스라엘에 큰 괴로움을 안겨주었다. 그는 여리고에서 탈취한 보물을 자신의 장막에 숨겼다. 이로써 이스라엘은 아이(Ai)와의 전쟁에서 대패하고 수많은 군사를 잃어야 했다. 이것이 바로 그 수치스러운 '아이 성에서의 패배' 사건이다. "그 곳 이름을 오늘까지 아골 골짜기라 부르더라"(수 7:26). 그곳의 이름은 영원토록 '고통의 장소'로 기억될 것이다. 아골은 죽음과 패배의 골짜기다. 그러므로 아골 골짜기에는 소망이 없다.

하지만 호세아 선지자는 고통과 눈물의 현장 곧 아골 골짜기로 나아오시는 주님의 모습을 환상으로 보았다. 그리고 저항할 수 없는 환난 속에서 신음하는 백성을 향해 발하시는 주님의 음성을 들었다-호세아는 주님의 마음에서 흘러나오는 위로와 약속의 말씀을 들은 것이다.

> 그러므로 보라 내가 그(녀)를 타일러 거친 들로 데리고 가서 말로 위로하고 거기서 비로소 그(녀)의 포도원을 그(녀)에게 주고 아골 골짜기로 소망의 문을 삼아 주리니 그(녀)가 거기서 응대하기를 어렸을 때와 애굽 땅에서 올라오던 날과 같이 하리라(호 2:14-15)

바로 이 눈물의 골짜기에서 주님은 나를 향해 희망의 문을 열어 놓으셨다.

마을 어귀 골목을 돌아 집에 다다랐을 때, 집 앞 도로 진입로 부근에 여러 대의 차량이 주차되어 있는 것이 보였다. 나는 차고에 주차한 후, 문을 열고 집 안으로 발을 들였다. 부엌 한가득 가족과 친구들이 모여 있었다. 모두가 나를 따뜻하게 맞아주었다. 그들로부터 시작된 사랑의 물결이 파도처럼 밀려와 나를 감싸 안았다. 장인어른과 장모님, 그리고 처제 로빈(Robin)도, 친구 카르나(Karna)와 청년부 담당 목사 톰(Tom)도 무리 중에 있었다. '내 건강에 문제가 생겼다' 라는 막연한 소식을 들었을 뿐인데, 그들 모두가 하던 일을 멈추고 기도하기 위해 우리 집에 모인 것이다. 그뿐만 아니라 지인들에게 일일이 전화해서 이 소식을 알리고 각자의 처소에서 기도해줄 것을 요청했다고 하니, 정말 순식간에 소규모 군대가 소집된 것만 같았다. 그렇게 전쟁의 서막이 올랐다.

그곳에 모인 사람들은 궁금함을 못 이기는 눈빛으로 내 얼굴을 뚫어져라 쳐다보았다. 그들 모두에게 내 질환에 대해 알리고 싶었다. 하지만 셰리와 아이들의 얼굴을 본 순간 누구보다 먼저 이들에게 병명을 알려야 한다고 생각했다.

나는 몸을 굽혀 아이들과 눈을 마주치며 나직한 목소리로 속삭였다.

"의사가 그러는데 아빠가 암에 걸렸대. 하지만 아빠에게는 예수님이 있단다."

우리는 서로를 부둥켜안고 눈물을 쏟았다. 두 손을 맞잡고 서로의 어깨와 머리를 보듬으며, 사랑의 본질이신 그분의 품속에 안겼다. 모두가 사랑으로 서로를 감싸 안았다. 그곳에서 나는 따스한 하나님의 가슴을 느낄 수 있었다.

아이들을 침대에 눕힌 후, 부엌에 모여 있는 사람들에게 다가갔다. '비과학적' 방법이지만 나는 다음의 단어들을 사용하면서 최선을 다해 의사의 진단 결과를, 그리고 현재의 상황을 설명해주었다: 백혈병, 혈액질병, 입원, 치료 기간, 화학 치료법….

결정해야 할 사안은 많았으나 시간이 촉박했다. 또다시 우리는 기도했다. 셰리와 나는 주님께서 우리를 향해 말씀하고 계신다는 것을 느꼈다: "나의 평안으로 너희를 인도하리라."

우리는 주님의 부르심에 대해서, 또 그분이 우리를 어디로 인도하실지에 대해서 더 깊고 확실한 방법으로 깨닫게 될 것이다—하나님께서 우리에게 주신 확신이었다.

친구들과 가족들이 부엌에 모여 있는 동안 나는 슬그머니 자리를 빠져나왔다. 그리고 컴퓨터 방으로 들어갔다. 긴장한 탓이었을까, 아니면 아버지로서의 책임감 때문이었을까? 이유는 모르겠지만 초등학교 6학년 아들 벤의 과학 과제 '산성비가 식물에게 미치는 영향' 마지막 페이지를 마무리했다. 이 여정의 끝에 무엇(삶? 죽음?)이 놓여 있는지 알 수 없었지만 다음 단계를 밟기 전, 마무리해야 할 것들을 매듭짓기 원했던 것 같다. 그래서 그 절체절명의 순간에 벤의 숙제를 끝마치려 했던 것 같다. 어쩌면 벤의 과학 과제가 여러 가지 생각할 거리들을 제공해주었기에, 단지 흥미로워서 그렇게 했던 것일지도 모른다.

그 순간을 회고하며 며칠 뒤 나는 일기장에 다음과 같은 글을 적었다.

> 이 얼마나 복잡한 소용돌이인가? 하지만 폭풍 한가운데 자리한 것은 무척이나 놀라운 '눈'이 아니던가? 지금 이 시간은 하나님의 약속으로 풍성하다. 끊임없이 성령님께 집중하도록 격려하는 성경 말씀, 사람들의 위로… 그렇다. 이 고통의 골짜기 한가운데에 소망의 문이 있다! 주께서 내 원수를 무찌르실 때, 나는 그분의 위용을 목도한다(나 1:2-6 참조). 그분을 바라보는 순간, 주님은 자신의 평안, 믿음, 그리고 임재로 나를 안전하게 두르신다(나 1:7-10 참조). 그러니 계속 기뻐하자!

확대성경(Amplified Bible)에서 찾아본 하박국 3장 19절은 다음과 같다:

> 주 하나님은 나의 힘이시며, 내가 용기를 낼 이유이며, 무적의 군대이시다. 그가 나를 걷게 하실 것이다(공포에 떨며 그 자리에 멈춰 서게 하시지 않고 걷게 하실 것이다). 또한 나의 높은 곳(고통, 어려움 혹은 책임감) 위에서 나의 (영적) 성장을 가능케 하시리라.

그날 밤, 나는 아이처럼 잤다―아빠의 품에 안겨 안전함을 느끼며 쌔근쌔근 자는 어린아이처럼 잤다. 내 하나님은 나의 힘이시다. 내가 용감할 수 있는 이유이시다. 무적의 군대이시다. 나는 겁먹은 채로 멈춰 서지 않을 것이다. 대신 환난의 고지에 올라 영적으로 성장하며 이 난관을 헤쳐 나갈 것이다. 이러한 고백이 내 마음을 지나 입 밖으로 표출되었다. 나는 위에 나오는 하박국의 말씀을 묵상했다— '묵상'이라는 단어의 원의(原意)에 충실하게 묵상했다. '묵상'의 본 의미는 '혼잣말하듯 중얼거리다', 혹은 '스스로에게 반복하여 말하다'이다. (동양의 신비주의에서 발원한 '묵상'의 정의는 마음을 비워 중립적인 상태로 만드는 '수행'에 가깝다. 하지만 이것은 묵상에 대한 거짓 정의다. 성경은 '묵상'을 일컬어 '마음을 진리로 가득 채워 적극적인 상태로 만드는 행위'라고 설명한다.) 나를 향한 하나님 아버지의 약속을 더 묵상할수록 (더 자주 중얼거릴수록) 하나님께서는 내 마음을 그분의 평안으로 더 많이 채워주셨다.

새벽 무렵, 누군가 나를 쳐다보는 것 같아 살며시 눈을 떠 보았다. 졸린 눈을 비비자 내 옆에 누운 셰리의 얼굴 윤곽이 어슴푸레 드러났다. 셰리는 나를 보며 미소를 짓고 있었다.

"걱정하지 말아요. 여보, 당신은 이겨낼 거예요. 우린 해낼 수 있어요." 그녀는 자신 있는 어조로, 하지만 나지막한 소리로 속삭였다.

셰리는 수개월 전 우리가 겪었던 일을 상기시켜주었다.

"모닝스타 컨퍼런스에서 우리가 받았던 말씀, 기억하나요?" 셰리가 물었다. 그녀가 입 밖으로 낸 각각의 단어에는 침착한 담대함이 서려 있었다.

그 순간 지난 컨퍼런스 기간 동안 들었던 말씀이 떠올랐다!

그해 초에 우리 부부는 샬롯으로 가서 릭 조이너(Rick Joyner)와 모닝스타 미니스트리즈(Morningstar Ministries)가 주관하는 컨퍼런스에 참석했다. 컨퍼런스 기간 중, 우리는 릭 조이너의 사역 팀이 진행했던 예언 기도를 받으려고 신청서를 냈다.

우리에게 배정된 기도실로 들어갔을 때, 기도 사역 팀이 우리 부부를 따뜻하게 맞아주었다. 우리는 그들에게, 또 그들은 우리에게 '낯선 사람들'이었지만 하나님의 마음을 찾고자 노력하는 과정 중 우리 모두의 마음이 하나로 연합되는 것을 느낄 수 있었다. 그날 오후, 그 기도실에서는 깊은 통찰이 담긴 말, 시기적절한 격려와 위로의 말들이 오갔다.

사역이 끝나고 그 방을 나서려고 할 때였다. 갑자기 한 남자가 이렇게 말했다.

"선생님! 지금 사탄이 매우 심각한 문제를 일으키려고 합니다." 그는 손가락으로 나를 가리키며 말을 이었다.

"어두컴컴한 복도를 향해 열려 있는 문이 보입니다. 그 문으로 들어가 복도를 지나 반대편 출구로 나오게 되면 당신은 이전보다 훨씬 더 강력해질 것입니다. 어둠의 복도를 지나는 동안 주님께서 당신에게 수많은 것을 공급해주실 겁니다. 그것들은 당신을 강하게 만들어줄 것입니다. 그뿐만 아니라 당신은 그것을 가지고 다른 사람들도 강하게 만들 것입니다. 어둠의 왕국이 당신에게 공격을 가할 것이지만 결국 그 영향력은 부메랑처럼 되돌아가 어둠의 왕국이 타격을 입게 될 것입니다."

그의 말을 들었을 때, 우리는 그것이 무엇을 의미하는지 감조차 잡지 못했다. 몇 가지 무작위적인 추측이 있었지만 그 어떤 것도 적절하지 않았다. 하지만 내 병명을 알게 된 그날 밤, 모든 것이 분명해졌다. 그가 전해주었던 말이 '제 시즌'을 만난 것이다. 그 밤은 바로 시즌 개막 전야였다.

주님께서 이 같은 통찰력을 주신 것은 그분의 약속에 담긴 본질을 우리가 이해할 수 있도록 돕기 위해서였다.

> 이는 비와 눈이 하늘로부터 내려서…내 입에서 나가는 말도 이와 같이 헛되이 내게로 되돌아오지 아니하고 나의 기뻐하는 뜻을 이루며 내가 보낸 일에 형통함이니라(사 55:10-11)

때때로 주님의 말씀은 비와 같이 떨어진다. 말씀이 비처럼 내리면 우리는 그 즉시 말씀을 받는다. 우리가 처한 현재의 상황에 대해 하나님께서 말씀하실 때, 그 말씀의 빗물이 머리에 닿는 순간 우리는 그 말씀을 이해하게 된다. 이후 말씀은 우리의 영혼을 적시는 강물이 된다.

때때로 주님의 말씀이 눈처럼 내리기도 한다. 말씀을 듣는 순간 '차갑다'는 것을 느낄 뿐 아무런 감흥도, 이해도 없다. 그 말씀은 높은 산, 혹은 고지(高地)에 내려 쌓인다. 눈과 같이 내린 말씀은 현재의 상황이나 즉시 일어나는 일보다는 더 먼 곳, 더 높은 곳을 응시하게 만든다. 그러므로 말씀을 듣는 순간 그것을 이해하지 못하고 혼동하기도 한다. 하지만 그분의 약속은 반드시 이루어진다. 다만 우리가 그 정해진 때까지 기다려야 할 뿐이다. 봄이 되어야 높은 언덕에 쌓인 눈이 녹고, 녹은 물이 계곡을 흘러 내려가듯이 오래전 하나님께서 우리에게 주셨던 말씀 역시 봄을 기다린다. 시즌을 기다린다. 언젠가는 이루어질 것이다.

기도실에서 그 남성의 입을 통해 내게 주셨던 말씀도 마찬가지였다.

눈은 녹기 시작했다. 하나님의 약속이 내 삶 속에서 꿈틀거리기 시작했다.

등 떠밀리듯 갑작스럽게 어두운 복도로 들어서게 되었지만 주님께서 소망의 문을 여시며 우리보다 앞서 행하신다는 것을 우리는 확신할 수 있었다. 두 눈으로 볼 수 있었다.

소망을 적는 나만의 일기장

확대성경은 하박국 3장 19절을 이렇게 기록한다:

주 하나님은 나의 힘이시며, 내가 용기를 낼 이유이며, 무적의 군대이시다. 그가 나를 걷게 하실 것이다(공포에 떨며 그 자리에 멈춰 서게 하시지 않고 걷게 하실 것이다). 또한 나의 높은 곳(고통, 어려움 혹은 책임감) 위에 나의 (영적) 성장을 가능케 하시리라.

✎ 위에 나오는 하나님의 약속을 묵상해보라. 이 말씀을 들을 때 당신의 마음은 어떻게 반응하는가?

✽ 위의 구절을 읽는 동안(위의 말씀을 통해) 주님께서 당신에게 어떤 말씀을 주셨는가?

과거에 주님께서 당신에게 하셨던 말씀, 당신에게 주신 꿈과 환상 혹은 감동들을 다시 상기시켜달라고 성령님께 간구하라. 물론 그것들을 받았을 당시에는 그 내용이 이해되지 않았을 수도 있다. 하지만 지금의 상황 속에서는 강력한 힘을 발휘할 수도 있다.

🌿 당신이 처한 상황을 객관적으로 살펴보라. 지금 이 상황을 헤쳐 나갈 수 있도록 하나님께서는 과거에 당신을 어떻게 훈련시키셨는가?

4장
사랑의 눈

네가 물 가운데로 지날 때에 내가 너와 함께 할 것이라
강을 건널 때에 물이 너를 침몰하지 못할 것이며
네가 불 가운데로 지날 때에 타지도 아니할 것이요…
대저 나는 여호와 네 하나님이요…
두려워하지 말라 내가 너와 함께 하여…(사 43:2-3a, 5a)

화요일 아침이 너무도 빨리 밝았다. 면도하고 샤워하고 짐을 꾸렸다. 골수 검사를 받기 위해 버스럭거리는 침대 시트지 위에 누웠다. 시계를 보니 아침 일곱시였다. 엑스레이를 찍는 정도로 검사가 마무리되리라 예상했건만 결국 커다란 주삿바늘이 내 몸을 파고들어 왔다. 그것도 수차례나! 그 후로 몇 개월간, 주삿바늘은 내 삶의 일부가 되어버렸다. 벽을 향해 돌아눕자 의사는 굵은 주삿바늘을 골반 근처 좌골에 꽂고 골수를 추출해갔다. 주사기가 꽂혀 있는 동안 계속해서 기도할 수밖에 없었다. 너무도 아팠기에, 참 많이도 기도했다.

몇 분 후, 병원에서 입원 허가를 내주었다. 혹시 병원 이름을 알고 싶은가? '성령 병원'(Holy Spirit Hospital)이다. 농담이 아니다. 하

나님께서 이 모든 상황을 관장하신다는 또 다른 증거였다. 병원의 이름은 "하나님, 저를 돌보아주시는 것이 확실합니까?"라는 나의 질문에 고개를 끄덕이시는 하나님의 모습을 연상시켜주었다.

내 몸의 면역 체계가 엉망이었기에 나는 개인 병실을 배정받았다. 바이러스에 감염될까 봐 격리 조치시킨 것이다. 그곳은 향후 6개월 동안 내 거처가 되었다. 나는 천장의 타일 하나하나에 이름을 붙여주었다. 지금까지 그놈들의 이름을 모두 기억한다. 그뿐만 아니라 눈가리개를 하고도 병실 벽에 그려진 그림을 그대로 재현해낼 수 있으리라 확신한다. 즐거운 장소였다. 나만의 독방이었다. 그러나 '내 집'은 아니었다.

성령 병원은 가톨릭 재단에서 세운 병원이었기에 병실마다 십자가(예수님의 형상도 함께 조형된 십자가)가 걸려 있었다. 내 방의 출입문 위쪽 벽에도 십자가가 하나 있었다. 솔직히 말하면, 십자가를 보면서 적잖이 놀랐다—개신교도로 자랐기 때문에 그처럼 십자가를 가까이에서 볼 기회가 없었다.

십자가에 달린 예수님의 이미지는 오래전의 기억을 되살려주었다. 내가 중학생이었을 때, 교회 중등부 선생님이 이렇게 말했던 것을 기억한다. "가톨릭의 십자가는 분명 잘못되었어. 예수님은 이미 죽음에서 부활하셨는데 그들은 아직도 예수님을 십자가에 매달고 있잖아."

당시에는 그의 설명이 흡족하게 들렸다. 하지만 생각하면 할수록 '깊이가 없는' 발언이었다. 화장실을 갈 때마다 병실 출입문 위에 달린 십자가를 지나야 했기에 하루에 몇 번씩 정기적으로 십자가를 바라보아야 했다. 이제 그 십자가는 이교(異敎)의 우상(아이콘)이라기보다 내게 깊은 영감을 선사하는 물건에 가까워졌다-나는 그것에 푹 빠졌다. 마치 세상이 알지 못하는 위대한 사랑을 베풀면서 예수님께서 내게 이처럼 말씀하시는 것 같았다.

"내가 이 모든 것을 지고 가노라. 너의 모든 죄, 너의 모든 슬픔, 너의 모든 질병… 이 모두를 내 어깨에 지고 가노라. 내가 고통을 받음으로 네가 나음을 입노라."

창문 너머로 우리 주(州)의 수도인 해리스버그 시의 모습이 펼쳐졌다. 이 병실은 내 인생의 여정 중 바로 지금, 이 시간을 위해 예비된 기도의 처소였다. 나는 매일같이 창밖을 바라보며 이 도시를 치유하시고 회복시켜달라고 간절히 기도했다.

암 병동의 간호사들은 참으로 훌륭했다. 환자들에게 긍휼을 베푸는 것은 물론 일처리도 능수능란했다. 대부분은 이 병동에서 수년간 헌신하며 환자들을 돌봐왔던 베테랑들이었다. 그들은 내가 병실에 머무는 동안 매일매일 자신의 임무를 묵묵히 수행해냈다. '이름도 없이 빛도 없이' 그들은 최선을 다해 나를 보살펴주었다. 이들이 치르는 전쟁은 소독용 액체의 독한 냄새가 진동하는 전쟁이었다. 의료 기구 카트의 바퀴가 왁스칠한 바닥과 마찰할 때 '삐걱' 거리는 소음, 카트가 벽에 부딪히는 소리, 의사들을 호출하거나 회진 일정, 끊임없는 회의 일정을 안내하는 '스피커 여인'의 시끄러운 목소리로 가득한 전쟁이었다. 여기에 고통과 씨름하며 울부

짖는 환자들의 신음과 더불어 통증을 없애달라는 외침이 가미되곤 한다. 냄새와 소음, 고통으로 점철된 전쟁터-이와 같은 새로운 환경에 적응하기는 쉽지 않다. 나 역시 다소간의 시간이 필요했다. 그러나 의료진들에게는 일상이었다. 그러므로 그들을 향한 나의 존경심은 날마다 깊어만 갔다.

그날 저녁 나는 흉부에 히크만 카테터 삽관 시술(Hickman Cathet-er, 약물 치료를 위해 체내에 튜브관을 삽입하는 수술-역자 주)을 받았다. 그 관으로 화학물질을 투여하는 치료법, 즉 키모테라피를 진행하기 위해서였다. 마취에서 깨보니 내 가슴에 마이크 선 같은 것이 대롱대롱 달려 있었다. 깜짝 놀랐다. 마치 '우울한 날의 터미네이터'가 된 느낌이었다.

수요일 저녁에 이르러서야 키모테라피가 시작되었다. 화학 치료는 일주일 동안 진행되었는데 한시도 멈추지 않고 7일, 하루 24시간 내내 계속 받아야 했다. 다양한 색깔의 화학 액체 주머니가 이동식 폴(바퀴 달린 막대. 주로 링거액을 걸어둔다-역자 주)에 주렁주렁 매달려 있었다. 화학물질들은 특정한 기계를 통과한 뒤 내 가슴에 꽂혀 있는 튜브를 타고 몸 안으로 들어온다. 그 기계의 정면 부위는 어릴 적 즐겨 보았던 만화 '젯슨 가족'(The Jetsons)에 등장하는 로봇 하녀의 얼굴과 흡사했다. 나는 그 기계에 애착을 갖고 '마틸다'(Matilda)라는 이름을 지어주었다. 당시 생각으로는 영원히 그 기계와 동행해야만 할 것 같았다. 그래서 우리는 화장실을 가든지, 복도를 지나 침대를 향하든지 함께 걸었다. 마틸다와 나는 손을 맞잡고 왈츠를 추었다.

그렇게 또 다른 형태의 일상이 시작되었다. 아침마다 마틸다를 질질 끌고 다니면서 나는 세면과 식사를 마쳐야 했다. '유명 디자이너'(?)의 손길이 닿은, 상큼한 환자복으로 갈아입기 위해 아침마다 마틸다의 손을 붙잡고 세탁실로 향했다. 도대체 누가 이 병원 환자복을 디자인했는지 참으로 궁금했다. 자세히 살펴보면 대형 사이즈의 음식물 턱받이와 별반 다를 것이 없었다. 게다가 가운의 뒤쪽은 '휑' 하니 뚫려 있었다. 추측하건대 이 환자복의 참된 기능은 환자들의 완벽한 '수감'을 돕는 것이리라. 누가 이런 옷을 입고 감히 병원 밖을 나서겠는가?

향후 며칠간 병동의 모든 간호사(교대 근무하는 간호사)와 만날 수 있었다. 물론 모든 사람이 특별했다. 하지만 특히 한 명에게 더 관심이 갔는데, 그녀의 이름은 로즈마리(Rosemary)였다. 평생을 간호 업무에 헌신했다고 했다. 우리는 매일같이 여러 가지 주제로 대화를 나누었다. 그녀는 조만간 은퇴를 생각하고 있었.

로즈마리는 수수께끼 같은 여성이었다. 나로서는 그녀의 사정을 아는 것이 어려웠다. 겉으로는 터프한 모습이었으나 내면은 부드러웠다. 게다가 신중한 태도까지 겸비하였다. 때때로 이런 생각이 들었다: '만일 이 여성이 나를 피하려고 했다면, 내게 말을 걸지도 않았을 텐데… 무언가 내게 할 말이 있지 않을까?' 내 몸이 점점 쇠약해져감과 동시에 그녀를 위해 기도해야 한다는 감동은 점점 강해져갔다. "예수님, 이 여성의 삶에 대해 알려주십시오."

이렇게 간구했다.

하루는 로즈마리에게 "혹시 목사들(설교자들)에 대해 어떻게 생각하나요?" 하고 물었다.

질문을 받은 그녀의 표정 속에 모든 대답이 들어 있었다.

"난 그들을 싫어해요." 그녀는 딱 잘라 말했다. "그 사람들은 말이에요. 때때로 비열한 행동을 한답니다. 예절도 없고요. 무엇보다도 가식적입니다." 참으로 무뚝뚝한 대답이었다. "목사들이야말로 이 병동에 입원했던 최악의 환자들이었어요. 간호사들에게 버럭 소리를 지르는 것은 예사였지요. 그리고는 아무렇지도 않은 듯 사람을 붙잡아놓고 일장 설교를 늘어놓지 뭐예요?"

나는 그녀에게 이러한 이야기를 듣게 되어 너무나 안타깝고 또 미안하기까지 하다고 사과했다. 또한 이런 식으로 사람을 대하지 않을 수많은 목사를 대표하여 그녀에게 용서를 빌었다.

어느 날, 로즈마리는 자신의 삶을 조금 공개해주었다. 나는 그녀에게 언제부터 환자를 돌보는 일에 관심을 갖게 되었는지 물어보았다. 그러자 그녀의 눈에 눈물이 고였다. 로즈마리는 내과 의사였던 자신의 아버지에 대해 털어놓았다. "내 선친은 백혈병으로 돌아가셨어요." 사실 중심으로 이야기를 이어갔다. "스스로 진단하여 병명을 알게 되셨지요." 그녀는 말을 잠시 멈추었다. "그리고⋯ 끔찍하게 돌아가셨답니다."

나는 아무런 대답도 하지 못했다. 딱히 답을 원하는 것 같지도 않았다. 로즈마리는 그저 누군가 자신의 마음속 이야기를 들어주기를 원했던 것 같다. 누군가 예수님을 대변하여, 예수님이 하셨을 법한 일을 해주기를 바랐던 것이다-설교만 내뱉고 마는 설교자들이 아닌, 예수님을 닮은 누군가를 기다려왔던 것이다. 자신에게 관심을 갖고 자신을 돌봐줄 누군가를, 자신의 말을 귀담아 들어줄 누군가를….

그 자리에 내가 있었다. 그녀의 아버지처럼 백혈병을 앓는 환자가, 그녀가 싫어하는 설교자가, 바로 내가, 그곳에 있었다. 나는 그녀의 삶에서 가장 고통스러웠던 순간들을 날마다 상기시켜주는 '기억 장치' 와도 같았다.

갈 곳도 없고 할 일도 없었던 나는 예수님을 찾아갔다. 그리고 로즈마리를 도울 수 있도록 내게 힘주시기를 간구했다. 나는 정말 주님의 도움이 간절했다.

나는 로즈마리에게 이렇게 제안했다. "저는 지난 20년간 설교해왔던 목사입니다. 그러나 지금은 설교를 듣겠습니다. 이야기를 들어줄 사람이 필요하다면, 여기, 제가 있습니다."

그 후로 몇 주 동안 나는 그녀의 마음이 점차 누그러지는 것을 느낄 수 있었다. 어느 날 그녀는 나를 찾아와 이렇게 말했다.

"목사님, 아직도 그 제안이 유효합니까? 그렇다면 내가 한번 설교해볼 테니 들어주실래요?"

그날 이후로 로즈마리는 자주 내 방을 찾아왔다. 그녀는 커피를 마셨고 나는 끝이 구부러진 빨대로 물을 들이키며 대화했다. 아니 그녀가 말하고, 나는 들었다.

내 조모께서 해주신 말씀이 떠올랐다. 할머니는 종종 이렇게 말씀하곤 하셨다. "선하신 하나님께서는 우리에게 두 개의 귀와 한 개의 입을 만들어주셨지. 그래서 우리는 말하는 것의 두 배로 들어야 한단다."

오! 할머니들의 위대한 지혜여! 야고보가 했던 말을 보면 그에게도 아마 지혜로운 할머니가 계셨던 것이 틀림없다. "…사람마다 듣기는 속히 하고 말하기는 더디 하며 성내기도 더디 하라"(약 1:19). 날마다 로즈마리와 앉아 대화하는 동안 솔로몬이 건넸던 지혜의 말 역시 내 마음에 새롭게 다가왔다. "미련한 자는 명철을 기뻐하지 아니하고 자기의 의사를 드러내기만 기뻐하느니라"(잠 18:2). 이처럼 듣는 것의 중요성을 피력한 말씀들이 하나하나 떠올랐다. 말씀대로 살도록 부르심을 받는다는 증거이리라.

사랑이 없다면 주변 사람들은 그저 '대상'일 뿐이다. 원하는 기능을 얻기 위해 작동시키는 기계와 다를 것이 무엇이랴? 눈에 들어오는 풍경과 다를 것이 무엇이랴? 사랑이 없으면 사람들 안에 무엇이 있는지 전혀 개의치 않게 된다. 로즈마리와 나누는 커피브레이크, 아침에 근무하는 청소 아줌마 실비아(Sylvia)와의 잡담 시간, 회진하는 의사들과의 대화—그들의 삶과 가정 그리고 그들의 건강 상태에 대한 이야기 등, 이 모든 만남과 대화를 통해 예수님은 내게 사랑하는 법을 가르쳐주셨다. 그렇다. 그분이 내 영혼을 치유하고 계셨다.

우리의 삶은 너무도 바쁘게 돌아가는 일상이다. 그래서 '내가 정말 잘 살고 있는가?' 하는 것을 평가하려고 잠시 멈춰 서는 것조차 버겁다. 케케묵은 인사말 "안녕하세요? 잘 지내시죠?"에 대한 우리의 자동반사적인 응답 역시 케케묵은 "그럼요. 잘 지내요!", "그럭저럭 불평할 것 없이 지냅니다"이다.

하지만 내 삶에 갑작스럽게 찾아온 '브레이크 페달' 덕에 나는 내가 정말 어떻게 살고 있는지 면밀히 관찰할 수 있는 절호의 기회를 얻게 되었다. 나는 이것이 주님의 선물이라고 생각한다. 이제 나는 "모든 것이 좋다"라고 말하지 않는다. 과거에는 내게 사랑이 없다는 것을 생각해본 적이 없었다. 어쨌든 나는 목사이니까! 목사가 목사인 이유는 주변 사람을 돌보기 때문이 아닌가? 그렇지 않은가? 그러나 이는 나의 착각이었다.

병상에 누웠을 때, 내 손에는 시간이 있었다. 그리고 내 방을 끊임없이 오가는 사람들이 있었다. 시간은 있었으나 사람들이 드나들기에 공부할 여유를 부릴 수는 없었다. 책에 파묻혀 공부하는 것은 사치였다. 성경 공부를 핑계로 내 병실 드나드는 사람들을 외면할 수는 없었다. 나는 그 사람들의 얼굴을 바라봐야 했다. 그것이 아니라면 가식적인 나 자신을 바라봐야 했다. 어떤 것을 택하든 탐탁지는 않았다.

치유는 몸에서 시작되는 것이 아니라 내면(영혼)에서 시작된다. 예수님은 우리 질병의 권세를 깨뜨리시는 강력으로 우리의 죄와 이기심의 권세를 깨뜨리신다. 주님은 우리의 영혼이 "범사에 잘되고 강건하기를"(요삼 1:2) 원하신다. 그렇다. 예수님은 내 육신을 치유하기 원하신다. 하지만 내 영혼도 회복시키기를 원하신다.

내게는 사랑이 없다-하루아침에 그렇게 된 것은 아니다. 서서히 일어난 일이다. 나무 기둥의 나이테 수가 오랜 시간을 거쳐 늘어나는 것처럼, 그렇게 천천히, 나는 다른 사람들로부터 나를 고립시켜왔다. 한 겹, 한 겹… 오랫동안 상처에 상처가 덧입혀졌다. 물론 상처받는 일은 우리 모두가 경험하는 일이다. 그런데 나는 내게 상처 주었던 사람 중 몇몇에 대해서는 용서하기를 거부했다.

사람들이 내게 상처를 입혔을 때 나는 동일한 상처를 받지 않기로 다짐하고 중무장했다. 그 누구도 내게 그러한 상처를 입히지 못하도록 철저하게 방어했던 것이다. 그렇게 나는 그들을 벌한다고 생각했다. 하지만 정작 벌 받는 것은 나였다. 나는 나 자신을 고문하고 있었다.

누군가는 이렇게 말했다. 용서하지 않는 것은 내가 독약을 마시면서 적이 죽기를 바라는 것이라고… 예수님은 우리가 우리에게 죄 지은 자를 사하여 주지 않을 때, 우리 역시 그 사람처럼 용서받지 못하게 될 것이라고 말씀하셨다. 내 안의 쓴 뿌리가 다른 사람을 고통스럽게 하듯, 그 동일한 쓴 뿌리가 자신에게도 피해를 입히는 것이다(마 18:34-35 참조).

내 몸에 다양한 치료법과 여러 가지 의술이 적용되는 동안 내 마음에는 초자연적인 수술이 거대하게 진행되고 있었다. 나는 용서하는 법을 조금씩 배워갔다. 사랑으로 사람들을 대하셨던 예수님의 방법을 배웠다. 나는 예수님의 사랑의 눈으로 주변 사람들을 바라보기 시작했다.
그리고 고통은 멈췄다.

소망을 적는 나만의 일기장

인생의 여정 중, 현재 주님께서 당신 주변에 두신(당신에게 허락해 주신) 사람들을 바라보라.

당신에게 용기를 북돋워주고 강건하게 하기 위해 하나님께서 보내주신 사람들에 대해 생각해보라. 감사하는 마음으로 그들 한 사람 한 사람을 떠올리며 당신의 삶에 그들이 기여한 헌신을 생각해보기 바란다.

❧ 그들을 통해 주님께서는 어떤 메시지를 주셨는가?

✎ 하나님께서는 그들의 삶을 통해 어떻게 당신의 삶을 만져주셨는가?

욥이 받았던 치유의 일부분은 그가 친구들을 위해 기도했을 때 시작되었다(욥 42:10 참조). 그의 '친구들'은 욥을 향해 조롱하는 말을 서슴지 않았다. 심지어 욥에게 상처 주는 행동들도 했다. 그러나 욥이 그들의 조롱과 공격적인 행동들을 잊기로 결심하고 그들의 마음을 위해 기도했을 때, 자신의 마음에 치유가 임했다.

당신의 사역(기도, 용서)을 필요로 하는 사람들이 누구인지 보여달라고 주님께 기도하라. 그들의 삶에 대한 통찰력을 주시기를 간구하라. 그러면 당신이 그들의 마음을 어루만질 수 있을 것이다.

☞ 그들을 위해 기도하도록 주님이 인도하시는가? 어떻게 인도하시는가?

❦ 당신이 그들에게 다가갔을 때 어떠한 감동이 있었는가?

5장
기도의 용사들

내가 죽지 않고 살아서 여호와께서 하시는 일을 선포하리로다(시 118:17)

　　　　　키모테라피 때문에 머리카락이 빠지기 시작했다. 한꺼번에 빠지지는 않았지만, 시간이 지나면서 상당량이 빠져나갔다. 아침에 일어나보면 베개 위에 머리카락이 한 움큼씩 널려 있었다. 털갈이하는 조그만 강아지가 매일 밤 내 베개를 베고 잤던 모양이다.

　이발사인 친구에게 전화를 걸었다. 데이비드(David)가 이발용 가위를 들고 왔던 저녁, 키모테라피가 저질러놓은 일은 깔끔하게 마무리되었다. 보통 세심한 가위질로 오랜 시간 모양새를 내던 그였는데, 그날 따라 데이비드는 삽시간에 내 머리를 '해치워' 버렸다. 머리에 남은 터럭이 많지 않아서 그랬을 게다. 장시간 길러온 울(w-ool)을 인간의 담요 재료로 제공하느라 털 깎는 날 앙상한 몸을 드러내야 하는 양들의 슬픔을 새롭게 깨닫는 시간이었다. '다시금 이 발소를 갈 때까지 얼마만큼의 시간이 더 흘러야 할까?' 자문하며 오한이 든 것처럼 후들후들 떠는 몸을 자제한 채 가까스로 잠들었다.

다음 날 아침, 나는 거울에 비친 내 모습을 보며 덜컥 겁을 집어 먹었다. 깔끔하게 면도된 엘머 퍼드(Elmer Fudd, 워너브라더스사의 루니 툰[Looney Tunes]에 등장하는 만화 캐릭터. 장총을 들고 벅스 버니를 잡으려다가 항상 골탕 먹는 대머리 사냥꾼-역자 주) 헤어스타일에 적잖이 놀란 것이다. 머리카락이 하나도 없었다.

간밤에 병실을 드나든 모든 바람을 생두피로 느껴야 했기에 잠을 설쳤다. 셰리는 누군가에게 전화하여 모자를 가져다달라고 부탁했다. 단 한 명에게 전화했는데 수많은 모자가 병실에 도착했다! 여러 사람이 내 소식을 듣고 모자를 보낸 모양이었다. 도착한 모자는 모양과 사이즈가 제각각이었다. 참으로 다양한 모자가, 거의 서른 개나 되는 모자가 '배달' 되었기에 매달 1일부터 30일까지 매일매일 색다른 모자를 착용할 수 있었다. 그중 내가 가장 좋아했던 모자는 존 셔이(John Shuey) 목사님이 준 흰색 야구모자였다. 모자의 전면에는 '머리 엉망인 날'(Bad Hair Day)이라는 문구가 박음질되어 있었다.

수염도 성장을 멈추었다. 더 이상 면도할 필요가 없었다. 이제 아침의 세면 일정은 '눈을 깜빡임', '얼굴에 물을 묻힘', '양치질'의 과정으로 간소화되었다. 눈썹과 속눈썹도 장기간 휴가를 떠났다.

갑자기 나는 예전의 반쪽이 되어버렸다(Suddenly, I was half the man I used to be).[1]

셰리는 꾸준히 내 곁을 지켜주었다. 매일 아침 아이들을 학교에까지 바래다주고 곧장 병원으로 달려왔다. 그녀가 복도를 걸어오는 소리만 들어도 펄쩍펄쩍 뛸듯이 기뻤다. 우편물을 확인하면서 병실로 걸어오는 그녀가 노래를 흥얼거리는 것도 듣곤 했다. 격려의 말이 담긴 편지와 카드는 우리에게 큰 힘이 되어주었다.

어느 날 매리(Mary)라는 열세 살짜리 여자 아이가 우리의 삶 속으로 들어오게 되었다. 그 아이는 우리에게 전해줄 말이 있다면서 우리를 만나러 가야 한다고 자기 엄마를 졸랐다. 아이의 재촉에 엄마는 아이와 함께 병실로 면회를 왔다. 매리는 그해 초 난소암 진단을 받은 뒤 큰 덩어리의 종양을 제거하는 수술을 받았다. 수술은 성공적이었지만 의사들은 매리가 완전히 회복될 가능성에 대해 의구심을 표했다. 그런데 성경을 읽던 어느 날, 아이는 시편에 기록된 다음의 말씀과 마주하게 되었다.

내가 죽지 않고 살아서 여호와께서 하시는 일을 선포하리로다(시 118:17)

고통의 골짜기를 지나는 동안 이 말씀이 매리의 심장에 소망의 바람을 불어넣어 주었다. 이제 암으로부터 완전히 자유롭게 된(cancer-free) 이 아이가 나를 만나러 온 것이다. 종양은 사라졌고 아이의 일상은 회복되었다. 아이는 죽지 않고 살아서, 주님이 하신 일을 내게 선포했다. 매리는 시편 118편 17절의 말씀이 새겨진 카드 한 장을 내게 건넸다. 거기에는 아이가 손수 기록한 글이 적혀 있었다. "입원했을 때 저는 이 카드를 침대 맡에 두었어요." 나를 향해 두 눈을 반짝이며 아이는 말했다. "이 말씀이 제게 소망을 주었습니다. 목사님도 소망을 가지셨으면 좋겠어요. 목사님도 저처럼 죽지 않고 살 겁니다."

이어서 아이는 우리를 위해 기도해주었다. 아이가 내뱉은 말, 한마디 한마디에는 순전한 신뢰가 담겨 있었다. 믿을 만한 하나님을 찾았기에 확신에 찬 어조로, 그렇게 기도할 수 있었으리라.

담대한 미소를 지으며 매리는 나를 바라보았다. 그리고 다시 한 번 말했다.

"목사님은 죽지 않을 겁니다. 꼭 살아날 거예요. 그리고 주님이 하신 일을 모든 사람에게 선포하게 될 겁니다."

매리와 그녀의 엄마가 병실을 떠난 후, 셰리는 그날 집으로 배달된 우편물을 차례로 뜯어보기 시작했다. 기도로 후원하겠다는 격려의 편지들과 함께 시편 118편 17절의 말씀이 기록된 카드가 다섯 장이나 있었다. 주님의 신실한 약속은 더 깊은 신뢰의 처소로 우리를 부르고 있었다! "내가 죽지 않고 살아서 여호와께서 하시는 일을 선포하리로다."

아내와 나는 웃었다. 웃겨서 웃는 웃음이 아니었다. 이것은 확신의 웃음, 주님으로부터 전달된 선물로서의 웃음, 주님을 신뢰할 수 있기에 안심하는 웃음이었다. 주님은 우리를 지탱시키시는 그분의 강력한 임재가 우리와 동행한다는 사실을 연거푸 상기시켜주셨다. 성경에는 두세 사람의 증인이 있어야 특정 사실이 확증될 수 있다는 표현이 자주 등장한다. 그런데 우리의 경우 여섯(명)의 증인이 대동되었다! 하나님은 아마도 그 정도의 증인이 있어야 우리가 확신할 것이라고 여기셨던 모양이다. 우리에게는 그들 모두가 필요했다.

그날 오후 나는 일기장에 다음과 같이 적었다:

주님의 능력은 놀라웠다! 수년간 나는 뼈와 골수에 힘을 가져다주는 웃음(즐거움, 잠 17:22 참조)이 '유머'라고 생각해왔다. 그러나 아니었다. 뼈와 골수에 힘을 가져다주는 웃음은 적군의 무기력한 공격 속에서 하나님이 웃으시는 승리의 웃음이었다.

대부분의 유머는 '부조리'한 상황에서 찾는 '유희'로 대변된다. 그러나 천국의 웃음은 예수님의 승리, 그 확실성에 기반을 두고 울려 퍼지는 즐거움이다!

그날 저녁 집으로 돌아가는 길에 셰리는 교회 주차장이 자동차로 가득한 것을 보았다. 그리고 교회 안에서 불빛이 새어나오는 것도 보았다. 그녀가 알기로 그날 정해진 모임은 없었다. 이상하다고 여겼기에 셰리는 차를 세우고 교회 안으로 들어갔다. 예배당 문을 열었을 때, 수백 명이 그곳에 모여 기도하고 있었다. 셰리는 깜짝 놀랐다.

강단 앞에는 우리 친구 던 스웨이가르트(Dawn Sweigart)가 서서 이 모임을 인도하고 있었다.

몇 해 전, 던은 마음을 활짝 열고 주님을 영접했다. 비록 예수님을 만나 헌신하게 된 것이 불과 몇 년 되지 않았지만, 하룻밤 만에 만개한 꽃처럼 그녀는 영적으로 급성장했다. 그녀는 타고난 리더였다. 영향을 주는 사람, 동기를 부여하는 사람, 그리고 이제 막 입문한 선지자이기도 했다-주님의 음성을 듣는 것은 물론 특별한 방법으로 주님의 심장 고동을 감지했다. 또한 자신이 받은 말씀과 감동을 독특한 방법으로 전달했다. 우리 부부는 그녀를 기뻐했다.

내 질병 소식을 들은 후, 던은 곧장 교인들과 지역 주민들을 불러 모으고 기도회를 인도했다. 주님을 따르는 젊은 제자로서, 그녀는 예수님의 약속을 끈질기게 붙들었다. 그녀의 믿음 체계에서는 "주님께서 기적을 일으키겠다고 말씀하셨다면, 주님은 반드시 기적을 일으키신다!"가 기정사실이었다. "예수님이 '너희는 나보다 더 큰 일을 하리라'(요 14:12 참조)라고 말씀하셨다면, 우리는 주님이 했던 것보다 더 큰 일을 할 것이다"-이것이 던이 가졌던 믿음이다. '하나님께서 우리 시대에 그분의 약속을 이루시리라'는 확신으로 그녀의 심장은 고동쳤다.

던은 우리 부부를 위한 24시간 중보 기도 모임을 조직했다. 수많은 사람이 매주 한 시간씩 기도하겠다고 자원했다. 결국 일주일 168시간이 우리 부부를 위한 중보 기도로 채워졌다. 여러 지역 교회의 목사님들과 각 교회의 교인들도 이 기도 사역에 동참했다. 성령의 인도하심에 따라 그리고 상황적 필요에 따라 사람들은 즉흥적으로 여러 가지 기도 모임을 구성했다. 이것이 주님께서 말씀하셨던 '교회의 모습'이다. 건물, 조직, 정치, 프로그램이 아닌 그리스도의 교회의 모습이다. 주님은 그분의 백성으로 교회를 세우신다. 주님은 지금도 구원받아야 하고 삶 속에서 회복을 입어야 할 사람들을 교회로 부르신다. 또한 다른 사람을 살리고 회복하는 일에 헌신할 사람들도 부르신다.

그리스도의 제자들이 그리스도처럼 행하는 것보다 더 아름다운 일은 없다. 마찬가지로, 예수님을 닮지 않은(비슷한 구석이 조금도 없는) 성도들의 모습만큼 심각한 것도 없다. 지금 이 시대에 어떤 이들은 교회를 혐오하며 교회를 향해 돌을 던진다.

지금의 교회는 시대에 뒤떨어진 교회, 전성기가 지난 교회일지도 모른다. 그러나 작가 편 패리쉬(Fawn Parish)가 꼬집어 말했듯이 "교회는 노아의 방주와 같다. 구린내가 나지만 홍수가 닥칠 때 수면 위로 떠오를 유일한 구원책이다." 패리쉬는 이어 말한다. "교회를 비난하는가? 그렇다면 당신은 예수님께서 사랑하시는 것, 그분의 피를 흘려서까지 사신 그 무언가를 향해 욕설을 내뱉는 것이다. 교회는 주님의 고귀한 소유물이다."[2]

매일 밤 기도의 용사들은 한곳에 모였다. 종종 교제하며 떡을 떼기도 했다. 그들은 죄와 질병, 사망과 지옥이 발하는 모든 강력 위에 예수 그리스도의 승리를 선포했다. 함께 예배하고, 서로를 격려하고, 또 중보하며 시간을 보냈다.

물론 그들은 나만을 위해서 기도한 것은 아니었다. 지역 주민과 그 외의 사람들을 위해서도 기도했다-주님께서 그들의 삶을 일일이 만져주시기를 간구했다.

동료 목사인 스티브 보이어(Steve Boyer)가 비디오카메라를 들고 내 병실을 찾아왔다. 성도들에게 전할 영상 메시지를 녹화하기 위해서였다. 보이어 목사는 삭발한 내 머리에 적잖이 놀라는 눈치였다. "이런! 교인들 중 누군가는 실망하겠는데요?" 교인들은 사무엘상 14장 45절을 읽으며 사울 왕의 아들 요나단을 살려달라던 이스라엘 백성의 간청에 대해 배웠다. 그 구절을 보면 이스라엘 백성이 "요나단의 머리털 하나도 땅에 떨어지지 않게 하소서"라고 탄원하는 모습이 나온다. 아마도 교인들은 이 말씀에 동기부여를 받아 내 머리털 하나라도 땅에 떨어지지 않기를 기도해왔던 모양이다.

나는 성도들의 끈질긴 믿음에 감동을 받았다. 그래서 화면상으로나마 그들에게 용기를 주고 싶었다. 보이어 목사가 카메라의 녹화 버튼을 눌렀다. 순간 내 마음에 특별한 감동이 일었다. 나는 카메라 렌즈를 향해 몸을 굽히고 내 반짝이는 정수리를 들이밀었다. 교인들은 조감도로 내 삭발된 머리를 보게 될 것이었다. 보이어 목사가 줌 렌즈를 당겨 화면을 확대할 때 나는 입을 열고 다음과 같이 말했:

"잠시 내가 머리카락을 잃어버렸다는 사실에 낙심하지 마십시오. 우리의 원수가 악을 행하기 위해 의도했던 일들을 우리 주님은 선으로 바꾸십니다. 우리 이렇게 합시다. 내 머리에서 머리털 하나가 빠져나갈 때마다 백 명의 불신자가 주님을 알게 될 것이라고 선포합시다." 나는 내 반짝이는 머리의 여러 부위를 손가락으로 짚어가면서 "여기는 ○○주(州)입니다. 여기는 우리 주에 속해 있는 ○○시(市)입니다"라고 말했다. "대저 물이 바다를 덮음 같이 이 지역에 사는 사람들 모두가 주님을 알게 되며, 하나님을 아는 지식이 풍성해질 것입니다." 한마디 한마디에 나의 진심을 담았다. 지금도 이 소망은 변함이 없다.

얼떨결에 내뱉은 말이었지만 교인들은 이를 주님으로부터 오는 도전과 격려의 말씀으로 받았다. 지금까지도 수많은 사람이 내가 전한 영상 메시지를 통해 신앙생활의 전환을 경험했다고 말한다. 회중의 마음에 믿음과 열정이 솟구쳤던 것이다. 스스로를 기도의 용사로 생각하지 않았던 사람들도 용기를 얻어 이 거룩한 전쟁에 참여하기로 결심했다. 참전한 사람들에게 이 전쟁은 마음과 삶의 전 영역을 두고 치열하게 다투는 전면전이었다. '영원'이라는 시간, 영원토록 치러야 할 대가를 염두에 둔 채, 우리는 길 잃은 영혼들을 위해 기도했다. 그들이 아버지의 사랑을 깨달아 알기를, 그 아들 예수를 통해 아버지의 사랑을 받아들이게 되기를 기도했다.

우리에게 공포심을 안겨주었던 그것이 결국 우리의 열정을 불러일으키는 기폭제가 되었다.

이 고통의 골짜기에 신선한 소망의 문이 열리고 있었다.

소망을 적는 나만의 일기장

소망의 은사(선물)는 환난의 때, 고통의 구름 너머를 바라보게 한다. 주님께서 우리를 통해, 그리고 우리 안에 이루시는 위대한 역사의 큰 그림을 선사한다.

이사야 53장은 십자가에서 예수님이 겪으실 고통의 순간을 상세하게 묘사한다. 극도로 치열해진 전장(戰場)에서 예수님은 이사야가 받은 계시를 떠올리셨을 것이다. "그가 자기 영혼의 수고한 것을 보고 만족하게 여길 것이라 나의 의로운 종이 자기 지식으로 많은 사람을 의롭게 하며 또 그들의 죄악을 친히 담당하리로다"(사 53:11). 히브리서 12장은 십자가에 달리신 예수님의 심정을 더 깊이 이해할 수 있도록 우리에게 통찰력 담긴 말씀을 전해준다. "…그는 그 앞에 있는 기쁨을 위하여 십자가를 참으사…"(히 12:2)

당신의 삶을 향한 하나님의 큰 그림, 그 그림에 대한 신선한 계시를 주님께 간구하라.

☙ 하나님께서 당신에게 상기시켜주시는 '아직 성취되지 않은 약속과 꿈'은 무엇인가?

현재 고통을 당하고 있다고 해서 우리를 향한 하나님의 목적이 멈춘 것은 아니다.

✎ 당신은 지금 (당신의 삶을 향한) 하나님의 부르심 가운데에 어느 단계에 와 있다고 생각하는가?

_____
_____
_____
_____
_____
_____
_____
_____
_____
_____
_____
_____

1. 비틀즈의 노래 'Yesterday' 가사 일부
2. Fawn Parish, *Honor: What Love Looks Like*(Ventura, CA: Renew Books, 1999), 86.

6장
용기의 은사

그가 너를 위하여 그의 천사들을 명령하사 네 모든 길에서 너를 지키게 하심이라
그들이 그들의 손으로 너를 붙들어
발이 돌에 부딪히지 아니하게 하리로다 (시 91:11-12)

여호와께서 너를 대적하기 위해 일어난 적군들을 네 앞에서 패하게 하시리라
그들이 한 길로 너를 치러 들어왔으나 네 앞에서 일곱 길로 도망하리라 (신 28:7)

　　　　물론 각 사람이 치르는 전쟁의 강도는 가벼운 다툼에서 시작하여 전면전에 이르기까지 다양하지만, 모든 사람의 삶이 항상 영적 전시(戰時) 상태인 것은 동일하다. 어떤 순간은 여느 때와 달리 전쟁의 실체가 훨씬 더 생생하게 다가오기도 한다. 대부분의 사람은 다른 이들과의 갈등이 우리가 경험할 수 있는 최악의 문제라고 생각하지만, 우리가 생각지 못한 영역에서 더 큰 문제가 일어날 수 있다. 육안으로 보는 것이 전부는 아니다! 바울은 이 사실을 명확하게 꼬집었다. "우리의 씨름은 혈과 육을 상대하는 것이 아니요 통치자들과 권세들과 이 어둠의 세상 주관자들과 하늘에 있는 악의 영들을 상대함이라"(엡 6:12).
　내가 치른 암과의 전쟁 역시 그 실체가 뚜렷한 경우라 하겠다.

육체적으로 감정적으로 그렇게 무기력했던 적은 없었다. 누군가가 내게 이야기하기를 "키모테라피를 받으면 우리 몸은 마치 거구의 미식축구(NFL) 수비선수들에게 한꺼번에 욱여쌈을 당한 상태처럼 된다"라고 했다. 사실 수백 마리의 들소 떼가 이동하면서 내 몸을 짓밟은 느낌이었다. 게다가 그 소들이 수차례나 더 내 몸을 밟고 지나가려는 듯 다시 줄을 서서 대기하는 것 같았다.

상당량의 적혈구를 손실했기에 내 몸은 약해질 대로 약해졌다. 침대에서 일어나 화장실에 가는 것조차 먼 여행을 떠나는 것처럼 어렵고 힘든 일이 되어버렸다. 내게 남은 모든 에너지를 다 쏟아야 가능했기 때문이다. 문제는 낮밤 할 것 없이 자주 이 '여행 아닌 여행'을 떠나야 했다는 것이다. 그것뿐인가? 온갖 종류의 액체며 화학물질이 내 몸에 주입되었으니 이제 나는 'Mr. 커피 머신'이 되었다.

미각도 사라졌다. 어떤 음식을 먹더라도 입 안에는 금속 맛이 맴돌았다. 입속으로 집어넣은 모든 음식물에서 알루미늄 맛이 났기 때문에 자연스럽게 극소량의 음식만 섭취하게 되었다. 몸무게는 급속도로 줄어들었다. 걱정이 되었는지, 의료진은 내게 더 많은 음식 섭취를 권했다. 하지만 내 혀가 허락하는 음식은 라이스 크리스피(Rice Krispies, 쌀 튀밥을 물엿에 섞어 고형시킨 과자류—역자 주)와 수입이 금지된 중국 음식 몇 가지뿐이었다(부모님이 몰래 들여왔다).

사실 육체적으로 가장 힘들었던 시기는 키모테라피를 집중적으로 실시했던 그 일주일이 아니었다. 키모테라피 이후에 실시된 수혈 치료 과정이 훨씬 더 힘들었다.

쉬운 말로 표현하자면 키모테라피는 신체 내 조혈(造血) 공장 가동기의 '초기화'(리셋, reset) 버튼을 누르는 것과 같다. 키모테라피 치료의 목적은 건강하지 않은 미분화 세포(blast cell, 미숙한 백혈구)를 제거하고 체내 적혈구와 혈소판(혈액 응고원) 일체를 방혈(防血)시키는 것이다. 치료 후에는 혈액이 응고되지 않으므로 몸에 상처가 나지 않도록 조심해야 한다. 또한 이 과정 중 극심한 에너지의 손실이 따르기도 한다.

물론 다행인 일도 있다. 병실에만 갇힌 상태, 수염이 자라지 않는 상태는 내가 가장 조심해야 할 '두 원수'로부터 자연스럽게 나를 지켜주었다: 1. 움직여야 하는 노력 2. 날카로운 물체(면도날 등). 기분은 참담했지만, 안전하니 다행이었다.

1차 키모테라피가 끝났다. 이젠 적혈구를 보충하기 위해 수혈 치료가 필요했다. 수혈 치료는 보통 한 사람이 제공한 혈액으로 진행된다. 몸이 혈액 제공자의 피를 '순순히' 받아들이면, 수혈 과정에서 위험요소는 없다고 판단할 수 있다. 하지만 해당 혈액을 받아들이지 않는다면 몸은 그 즉시 거부반응을 보이는데, 식은땀, 갑작스러운 반점, 고열, 체온의 급변 등이다.

전혈 수혈을 받았을 때 다행스럽게도 극소한 거부반응만 나타났다. 하지만 모든 과정이 수월했던 것은 아니다. 내게는 추가적으로 혈소판 수혈 치료가 필요했다. 혈소판 수혈은 전혈 수혈과 전혀 다른 개념이다. 혈소판 자체가 특이한 '피조물'이기 때문이다. 전혈 수혈은 한 명의 제공자로부터 혈액을 받아 진행하지만, 혈소판의 경우 여러 사람으로부터 제공받아 칵테일을 만든 후 수혈을 진행한다. 그러므로 우리의 몸이 여러 혈소판 제공자 중 단 한 사람의 DNA에 대해 거부반응을 보인다 해도, 한데 모은 혈소판 팩 전체를 버려야 한다.

처음 혈소판 수혈을 받았을 때, 내 몸은 전기쇼크와 같은 반응을 보였다. 갑작스러운 고열로 온몸이 뜨겁게 달아올랐고 통제할 수 없을 정도로 떨렸다. 그러다가 갑자기 한기를 느꼈다. 이후 또다시 체온이 올라가기를 반복했다. 밤새 몸 상태는 훨씬 악화되었다.

간호사들은 '쿨링(해열) 담요'(cooling blanket)라는 것을 가져왔다. 39도 5분에 달하는 체열을 정상 체온으로 내리기 위한 기구였다. 이 기구의 이름 자체는 내게 큰 위안을 주었다. '쿨링'—멋진, 산뜻한 경험이 아닌가? '담요'—따뜻한 위로가 생각나는 단어가 아닌가? 그런데 그 둘을 합쳐놓으니 현대화된 고문 기계에 지나지 않았다.

해열 담요는 전신 크기의 고무 매트리스인데 그 안에는 얼음장처럼 차가운 물이 채워져 있었다. 나는 뒤쪽이 휑하니 뚫린, 유명 디자이너 작 환자복을 입은 채 쿨링 담요 위에 누웠다. 다시는 겪고 싶지 않은 경험이었다. 어떤 느낌이랄까? 등에는 얼음을, 얼굴에는 뜨거운 계란 프라이를 얹어놓은 느낌이었다. 마치 커다란 '베이크드 알래스카'(baked Alaska, 스펀지케이크 위에 아이스크림을 얹고 달걀

흰자와 설탕을 섞어 만든 머랭으로 감싼 뒤 살짝 구워낸 디저트 요리-역자 주)가 된 기분이었다.

　육체적 무기력은 물론, 내 마음과 감정의 장(場)에서 일었던 전쟁도 무시할 수 없었다. 끊임없이 달려드는 부정적인 생각의 '연속'이 내 뇌를 공격했다. 종종 고열에는 환각 증세가 동반된다고 듣기는 했다. 하지만 고열에 대한 육체의 반응보다 훨씬 더 심각한 일이 일어난다는 사실을 알게 된 것은 그때가 처음이었다. 이것은 문자 그대로 '치고받는' 싸움이었다. 나는 우리가 치르는 영적 전쟁이 '선한' 싸움이지 '나쁜' 싸움이 아니라는 사실을 스스로에게 상기시켰다(딤전 6:12, 딤후 4:7 참조). 싸움은 치열하겠지만, 주님은 항상 우리에게 승리를 안겨주신다(고후 2:14 참조).

　내가 영적 전쟁을 치렀던 영역 중 하나는 '시간'이었다. 주체할 수 없을 정도의 시간이 내 수중에 들어왔다. 교회를 담임하는 것은 풀타임 사역이다. 그런데 병원 입원 기간 동안 어떤 의미에서 풀타임 사역이라는 내 삶의 일부가 정지되어 버렸다. 나는 청년부 담당 목사인 톰에게 교회 전반 사역과 행정을 일임했다. 당회와 간사들 역시 비상사태에 돌입하여 톰의 사역을 도왔다. 이제 내게는 기도할 시간, 책 읽을 시간, 치유받을 시간, 생각할 시간이 많아졌.

　하지만 문제는 내가 '너무' 많이 생각한다는 것이었다.

　간호사들이 내 건강 상태를 검진할 때마다 나는 그들의 눈을 유심히 바라보았다. 의사가 무슨 말을 하는지를(혹은 그들이 하지 않은 말조차) 알아내려고 주의를 기울였다. 그들의 목소리 톤에도 신경을 곤두세웠다. 내 차트를 넘기며 또 나를 바라보며 그들이 어떤 보디랭귀지를 취하는지도 유심히 관찰했다.

"제 상태가 어떤가요?" 나는 종종 이렇게 물었다.

"저희가 예상한 대로입니다." 그들은 항상 이렇게 대답했다.

물론 그들이 무엇을 예상했는지는 알 수 없었다. 어쩌면 나는 그들이 예상한 바를 모르는 채 지내기를 원했는지도 모른다.

하루는 셰리가 간호사 중 한 명을 따로 불러 조심스럽게 그녀의 소견을 물었다. 그 간호사는 주저하면서 자신의 생각을 밝혔다.

"환자분의 경우 현재 치료에 대한 반응이 매우 양호합니다. 하지만 건강 상태가 안 좋습니다. 입원했을 때 이미 병세가 심각했습니다. 급성 백혈병입니다. 매우 치명적인 병이에요. 지금 1차 키모테라피를 마친 상황이기는 하지만, 의료진들은 치료가 너무 늦지 않았나 하고 판단했습니다." 침착함을 잃지 않으려고 노력하면서 그녀는 말을 이었다.

"성탄절까지 견디실 수 있을지, 저로서는 자신이 없습니다."

이 말에 셰리는 넋을 잃고 말았다. 마치 바닥이 꺼져버린 것 같은 느낌을 받았다고 했다. 눈물을 그렁그렁 매단 채 셰리는 병실로 들어왔다. 그리고 간호사가 했던 말을 내게 그대로 전해주었다. 이어 셰리는 기도하기 시작했다. 나는 셰리가 기도하는 것을 수천 번 넘게 봐왔다. 하지만 그날, 마음에서 우러난 셰리의 기도는 절대로 잊지 못할 것이다.

"주님, 데이브는 한 번도 제 소유가 아니었습니다. 제 남편은 언제나 주님의 소유였습니다. 남편의 생명을 어찌하시든지 그것은 주님의 몫임을 인정합니다. 그런데 주님, 저는 제 남편을 이렇게 쉽게 포기할 수 없습니다. 주님께서 우리에게 약속을 주셨잖아요? 아직 이루어지지 않은 약속들 말이에요. 그러므로 지금 당신의 딸로서, 제가 이렇게 간구합니다. 질병의 공격으로부터 제 남편의 생명을 건져주십시오."

그날 내 아내는 이것 말고도 여러 가지를 기도했을 것이다. 하지만 내 기억에 남은 기도는 이것뿐이다.

아내는 머리털 하나 없는 내 머리에 입을 맞추고 미소를 지어 보였다. "잘 자요! 내 귀여운 키모 사비"(Chemo-sabee, 1930년대 미국 TV에서 방영되던 Lone Ranger의 주인공 인디언 톤토의 인사말로서 원래는 Ke-mo Sah-bee로 표기한다. 그 뜻은 '진실한 친구여!' 다. 데이브의 아내는 남편이 키모테라피를 받기 때문에 Chemo와 Ke-mo의 동일 발음을 언어유희 재료로 삼아 이러한 인사를 전했다-역자 주). 인디언 톤토(Tonto)의 말투로 작별인사를 고한 뒤 아내는 몸을 돌려 병실을 떠났다. 아내의 뒷모습에 만감이 교차했다.

창문 너머로 주차장을 가로질러 가서 자동차를 타는 아내의 모습을 끝까지 지켜보았다.

그녀 곁에는 아무도 없었다.

나는 셰리가 자랑스러웠다. 낮에는 나를 격려하느라 병원에서 고된 시간을 보내고, 밤에는 아이들 뒤치다꺼리 하느라 고생이 이만저만이 아니었다. 하지만 한마디의 불평도 없이 모든 에너지를 쏟아 가족을 돌보았다. 셰리는 부부가 해야 할 집안일을 혼자 힘으로 수행했다. 또한 내 생명을 걸고 치러야 하는 영적 전쟁 때문에 줄곧 내 곁에 머물러 있었다. 우리 부부는 함께 이 고통의 골짜기를 지나며 소망의 문 앞에 서 있었다.

그날 밤 도무지 잠을 이룰 수 없었다. 더 이상 누워 있을 수 없어 일어났다. 새벽 세시였다.

그해 초 내게 큰 감동을 주었던 노래가 있었다. 내 조카 케일라(Kayla)는 자전거 사고를 당해 췌장에 큰 상처를 입었는데 생명에 지장이 있을 정도로 심각했다. 그때 나는 의미심장한 노래 한 곡을 발견했는데 바로 커크 프랭클린(Kirk Franklin, 미국 가스펠 가수-역자주)의 노래였다. 나는 그의 음악이 무척 고마웠다. 특히 'My Life Is in Your Hands'라는 노래는 우울했던 내 마음에 활력을 불어넣어 주었다.

케일라가 입원했을 때 나는 커크 프랭클린의 CD를 선물했다. 나중에 케일라는 "삼촌, 두려울 때마다 삼촌이 알려주신 커크의 노래를 부르곤 했어요"라고 말했다.

시간이 지나 케일라는 기적적으로 치유되었다. 사고로 인한 상처에서도 어느 정도 회복되었다.

이제 내가 병실에 누워 있다. 당시 케일라는 내 병실로 면회 올 수 없었기에 커크의 CD를 내게 전달해달라고 자기 아빠에게 부탁했다.

"아빠, 이 CD를 꼭 데이브 삼촌에게 전달해주셔야 해요. 내게 승리의 노래였으니 삼촌에게도 승리의 노래가 될 거예요."

CD를 받은 그 주, 커크의 노래를 닳고 닳을 정도로 들었다. 그의 노래는 컴컴한 어둠의 시간 속에서 내게 생명과 소망을 안겨주었다. 아예 노래 가사를 외워버렸다. 공포와 두려움이 엄습할 때마다 나는 그 노래를 나 자신에게 불러주었다.

새벽 세시, 내 몸과 마음은 지칠 대로 지쳤다. 두려움이 엄습해왔다. 성경에 의하면 두려움은 단순한 '감정'이 아니라 '영'이다- 두려움의 영(마귀). 두려움의 영은 나를 왜곡되고 어두운 카니발라이드(carnival ride, 놀이기구)에 태우려고 했다. 상상 속의 수많은 '그림'이 머릿속을 맴돌았다. 집에 혼자 앉아 수많은 요금 청구서를 들여다보는 셰리의 모습이 그려졌다. 가족이 뿔뿔이 흩어지는 것을 막고자 고군분투하며 스스로 용기를 다잡는 아내의 모습이 처량해보였다. 큰딸 베다니는 웨딩드레스를 입고 있었다. 그런데 '신부 입장'이라는 외침에 쓸쓸히, 홀로 입장했다. 뒤뜰에서 미식 축구선수를 흉내 내는 벤과 브랜든의 모습도 보였다. 아빠 없이….

"넌 이미 사라지고 없어. 남은 가족들은 외롭겠지." 교활한 영이 내 귀에 속삭였다.

이렇게 반복되는 생각이 내 마음을 사로잡았다. 너무도 끈질기게 소망의 문을 닫으려 했다. 그래서 케일라가 전해준 승리의 노래를 부르기 시작했다.

I know that I can make it

내가 할 수 있다는 것을, 나는 안다네.
I know that I can stand
일어설 수 있다는 것을, 나는 안다네.
No matter what may come my way
무엇이 내 앞길을 가로막든
my life is in His hands
내 생명은 그분의 두 손에 있네.
With Jesus I can make it
예수님과 함께라면 나는 할 수 있네.
With Jesus I can stand
예수님과 함께라면 나는 일어설 수 있네.
No matter what may come my way
무엇이 내 앞길을 가로막든
my life is in His hands
내 생명은 그분의 두 손에 있네.[1)]

   고요하게 하지만 확신을 가지고 이 노래를 불렀다. 그러나 가사 때문에 목이 메었다. 이후 또다시 슬픈 생각이 들었다.
   병실에는 아무도 없었다. 나 혼자뿐이었다. 침대 밑 스탠드의 조그마한 전구만이 빛을 발하고 있었을 뿐, 그곳에는 아무도 없었다. 흐르는 눈물을 집어삼키고 노래를 이어갔다. 하지만 그것도 잠시, 또다시 목이 메어왔다.

바로 그때, 병실의 문이 '스르륵' 열렸다. 문 앞에 누군가가 아니, 어떤 형체가 서 있는 것이 보였다. 그런데 그 형체가 내 침대 쪽으로 걸어오며 노래를 부르는 것이 아닌가? 불안과 공포로 요동치던 내 마음을 누그러뜨리는 목소리였다. 그 노래는 다름 아닌 내가 계속 불렀던 노래였다!

눈을 들어보니 침대 곁, 어두운 불빛 아래 당당한 자태의 흑인 여성처럼 보이는 누군가가 서 있었다. 그 여성의 얼굴 생김새는 별로 기억나지 않는다. 하지만 그녀의 눈동자는 잊을 수가 없다. 참으로 담대한 눈빛이었다. 초자연적인 능력으로 가득한 눈이라는 것을 금방 알아차릴 수 있었다.

내가 그 눈을 바라보았을 때 '용기'가 내 몸 안으로 들어오는 것 같았다.

그녀는 머리와 베개 사이에 손을 넣고 내 머리를 부드럽게 들어 올렸다.

그리고는 이렇게 노래를 불러주었다.

With Jesus you can make it
예수님과 함께라면 너는 할 수 있네.
With Jesus you can stand
예수님과 함께라면 너는 일어설 수 있네.
No matter what may come your way
무엇이 네 앞길을 가로막든

your life is in His hands
네 생명은 그분의 두 손에 있네.

그녀가 내 노래를 내게 불러주었다. 노래 부를 힘조차 남지 않았을 그때, 그녀가 이 노래를 불러준 것이다.

그러더니 그녀는 나를 위해 기도해주었다. 이전에는 한 번도 들어보지 못한 언어였다. 그녀가 기도하는 동안 내 심장 속으로 용기가 '수혈' 되었다. 내 가슴은 용기로 넘쳐났다. 노래를 마친 후 그녀는 다시 내 머리를 베개 위에 살포시 내려놓았다. 그리고 뒤로 돌아 병실을 떠났다.

나는 여전히 그곳에 누워 있었다. 그런데 내 몸 안에서 소망의 외침이 울려나기 시작했다. 무언가가 변화되었다. 그렇다. 두려움과의 고된 싸움이 끝난 것이다. 수없이 뇌리를 파고들며 내 마음을 공격했던 부정적인 생각들도 멈췄다. 그리고 다윗의 시가 떠올랐다.

나의 영혼이 잠잠히 하나님만 바람이여 나의 구원이 그에게서 나오는도다(시 62:1)

나는 "모든 지각에 뛰어난(모든 이해 능력을 뛰어넘는) 하나님의 평강"(빌 4:7)을 체험하고 있었다. 기분은 최고였다!

얼마 지나지 않아 로즈마리가 내 병실에 들렀다. 내가 깨어 있는 모습을 보고는 깜짝 놀라더니 내 용모를 관찰하고는 더욱 놀라는 표정을 지었다. "선생님, 얼굴에서 빛이 나는 것 같네요." 그녀가 말했다.

나는 로즈마리에게 방금 전에 나간 '새벽의 방문자'에 대해 알려주었다. 그녀의 생김새를 설명하며 병실에서 일어난 일을 이야기했다.

"네? 누가 들어왔다고요? 환자들에게 약을 나눠주기 위해 제가 복도를 오가며 계속 지켜봤는데 선생님의 병실 앞에는 몇 시간 동안이나 의약품 카트가 있었어요. 그리고 외부인의 출입은 없었답니다." 그녀가 계속 말했다.

"게다가 오늘 야간 당직자 중 흑인 여성은 없었는데요?"

살짝 혼란스러웠다. 하지만 생각했다. '세상에! 내게 노래를 불러주기 위해 누군가가 한밤중에 내 병실을 찾아와 나를 깨웠다니!'

얼른 이 내용을 셰리에게 전해주고 싶어 입이 '근질근질' 했다. 아내는 그날 밤 예기치 못한 방문객의 이야기를 듣고는 매우 놀라워했다.

셰리가 들고 온 우편물 꾸러미에서 친구 목회자들이 보내준 카드 한 장이 보였다. 우리를 위해 기도하고 있다는 내용이었다. 지난주일 아침, 그들이 사역하는 교회에서는 모든 성도가 모여 나를 위해 중보 기도했는데 그중 한 명이 특별한 환상을 보았다고 했다. 그 성도(여 성도)는 자신이 본 환상을 종이에 적은 후 헌금 봉투에 넣어 제출했다. 카드 속에는 그 성도가 환상의 내용을 적어둔 쪽지도 들어 있었다.

쪽지를 받아들고 읽는 순간, 내 몸은 뼛속부터 전율하기 시작했다.

쪽지에는 이렇게 적혀 있었다.

> 우리가 데이브 목사님을 위해 기도할 때, 저는 환상을 보았습니다. 한밤중, 주님께서 그에게 천사를 보내셨습니다. 천사는 데이브 목사님의 병실로 걸어 들어가 침대 곁에 멈춰 섰습니다. 그리고 엄마가 젖먹이 아이를 안고 흔들어 달래듯, 천사는 목사님의 머리를 살며시 들어 안았습니다. 이후 하늘 아버지로부터 직접 받아온 '용기의 은사'를 그에게 주입하기 시작했습니다.

천사들이 우리 주변에 있다는 사실을 알고는 있었으나, 그들을 본 적은 단 한 번도 없었다. 성경은 말한다. "그러나 너희가 이른 곳은…살아 계신 하나님의 도성…천만 천사와…"(히 12:22) "그가 너를 위하여 그의 천사들을 명령하사 네 모든 길에서 너를 지키게 하심이라 그들이 그들의 손으로 너를 붙들어…"(시 91:11-12) 항상 천사를 볼 수 있는 것은 아니지만, 우리를 사랑하시는 하나님의 명령에 따라, 우리를 돕기 위해 천사들은 항상 우리 곁에 머문다. 때때로 하나님께서는 우리의 눈을 여시고 감각기관을 일깨워 천사를 보게 하신다―우리가 결코 혼자가 아니라는 것을 깨닫게 하신다. 물론 천사를 높이거나 경배하는 것은 어리석은 짓이다. 오직 예수님만이 경배 받으실 분이기 때문이다. 하지만 천사를 무시하는 것 역시 그들을 높이는 것만큼이나 어리석다. 특히 우리가 그들의 도움을 필요로 할 때는 더욱 그렇다.

그날 나는 천사를 어떻게 환대할 수 있는지 배웠다. 그들의 도움을 바랄 수도 있다는 점을 알게 되었다-그 어느 때보다 그들의 도움이 간절했다!

하나님의 도우심으로 나는 모든 공포로부터 보호되었다. 하나님께서 소망을 향해 나를 들어 올리셨다.

소망을 적는 나만의 일기장

물론 시험은 육체의 고통, 상한 감정, 대인 간의 갈등 형태로 나타난다. 하지만 우리가 치르는 궁극적인 전쟁은 영적인 싸움이다. 바울은 이렇게 말했다. "우리의 씨름은 혈과 육을 상대하는 것이 아니요 통치자들과 권세들과 이 어둠의 세상 주관자들과 하늘에 있는 악의 영들을 상대함이라"(엡 6:12).

현재 당신이 처한 상황을 하나님께서는 어떻게 보시는지 여쭈어보라. 하나님의 관점(시각)을 달라고 기도하라.

❀ 현재 당신이 직면한 영적인 대적들은 무엇(누구)인가?

_____
_____
_____
_____
_____
_____
_____
_____
_____

❧ 하나님께서 가르쳐주신 바, 그들의 공격을 이겨낼 수 있는 방법은 무엇인가?

이 싸움에서 우리는 혼자가 아니다. 하나님께서 결코 우리를 홀로 내버려두시지 않기 때문이다. 하나님은 우리를 치유하시고 격려하시기 위해 '그분의 말씀'을 보내신다. 천사들에게 명령을 내리셔서 우리를 지키게 하신다. 우리의 용기를 북돋워주시려고 그들을 보내신다. 또한 그분의 백성을 보내어 우리의 삶을 회복시키고 그들로 우리의 전쟁에 동참케 하신다.

✎ 고통의 나날 동안 주님께서는 당신의 '간절한' 필요들을 어떻게 채워주셨는가?

_____

1. Kirk Franklin, 'My Life Is in Your Hands.'

7장
붙드시는 손

여호와께서 그를 병상에서 붙드시고
그가 누워 있을 때마다 그의 병을 고쳐 주시나이다(시 41:3)

의료진 중 몇몇 사람은 내가 크리스마스를 넘기지 못할 것이라는 비관적인(그러나 현실적인) 소견을 밝혔다. 재닛(Janet) 장모님은 직장에서 일할 때 이 소식을 들었다. 장모님은 묵묵히 믿음을 지키는 굳센 영혼의 소유자다. 이 치열한 전쟁의 한복판에서, 장모님은 소망의 끈을 부여잡았다. 어려운 순간마다 주님 곁에 서서 환난과 맞서 싸워 이긴 '여성 개척자들'(pioneer women)의 정신을 그대로 물려받았다. 또한 말씀을 잘 가르치는 교사이자, 작곡가이며, 주님을 깊이 사랑하는 연인이었다. 그뿐만 아니라 어떤 재료로든 예술 작품을 창조해내는 특별한 재능을 갖고 있다.

12월 어느 날, 장모님은 120센티미터 높이의 크리스마스트리를 들고 내 병실로 들어왔다. 온갖 잡동사니와 고물로 장식한 해괴한 모양의 트리였다. 크리스마스의 화려함에서 철저히 격리된 내게 그 트리는 록펠러 센터 앞의 트리만큼이나 장대하고 아름다워 보였다. 심지어 간호사 데스크 벽에 걸린, 환자용 휴대변기(요강)들로 만든 흉측한 장식물과 경쟁해도 될법했다!

침착한 눈으로 나를 노려보며, 장모님은 이렇게 말했다.

"데이브, 너는 반드시 크리스마스를 지내게 될 거야. 이번 크리스마스뿐만 아니라 앞으로도 수많은 크리스마스를 보내게 될 거다. 수많은 성탄절이 네 코밑까지 와 있다고!"

장모님은 "나는 네 장모니까 너는 잠자코 내 말 들어!"라는 단호한 어투로 말했다. 아마 이러한 때를 위해 준비해놓은 목소리였나 보다!(그녀는 좀처럼 이렇게 말하지 않았다.) 어쨌든 그녀가 옳다고 하면 옳은 것이다. 그녀의 말이 옳았다!

치료가 진행된 수 주 후, 첫 번째 검사를 받았다. 의사는 내 몸이 치료 과정에 긍정적인 반응을 보인다고, 내 몸에 건강한 백혈구가 조성되기 시작했다고 말해주었다! 병세가 누그러지는 상황이라고 했다. 하지만 의사는 "그리 큰 기대는 마세요"라는 말투였다.

어쨌든 나는 기대하기 시작했다.

비록 잠시 동안이지만 병원에서는 내게 귀가를 허락해주었다. 성탄절 바로 전주에 집에 가게 되어 무척이나 기뻤다. 여태껏 받아본 성탄 선물 중 가장 귀한 최고의 선물이었다. 의사는 2차 키모테라피를 받아야 한다며 성탄 연휴가 끝나는 즉시 귀원할 것을 명령했다. 또한 입원과 동시에 골수이식을 받도록 준비할 예정이라고 밝혔다. 비록 키모테라피 결과가 좋기는 했지만 의사는 다음의 설명으로 내게 경각심을 주는 것을 잊지 않았다:

"급성 백혈병에 걸린 사람 중 골수이식 없이 살아난 사람은 거의 없습니다."

나는 120센티미터의 트리를 들고 집으로 향했다.

집! 정말 달콤했다.

흰 벽으로 둘러싸인 병실은 밀실공포증을 안겨주기에 충분했다. 카트가 움직일 때 나는 '삐걱삐걱' 소리, 벽에 부딪치는 금속성 소음, "○○의사 선생님께서는 지금 데스크로 와주십시오"라는 호출은 이제 집 안에서 흔히 들을 수 있는 일상의 소리로 대체되었다: 째깍째깍 초침 돌아가는 소리, 길가 자동차 소리, 물 끓일 때 찻주전자에서 '피익피익' 김이 빠져나가는 휘파람 소리, 음악 소리, 집 앞 잔디 위를 거니는 다람쥐를 보고 강아지가 으르렁대는 소리, 내가 가장 사랑하는 가족들의 목소리, 그리고 웃음소리….

귀가 후 내 우선순위는 그동안 못다 한 '아이들과의 시간'을 만회하는 일이었다. 학업에서 뒤처지지 않도록, 그리고 나름 해야 할 책임을 거르는 일이 없도록 우리 부부는 아이들의 병원 방문 횟수를 제한해놓았었다. 그래서인지 아이들은 병원에 올 때마다 아빠를 즐겁게 해주기 위해 최선을 다했다. 또한 간호사들과 수녀들의 이름을 일일이 기억하여 복도에서 마주칠 때마다 그들의 이름을 불러가며 인사하기도 했다. 물론 내 병실로 '쳐들어올' 때에는 침대를 향해 내달리곤 했지만 내 몸에 연결된 각종 튜브와 선들 위에 앉지 않으려는 세심한 배려도 베풀어주었다.

몇 주 만에 우리는 다시 한 가족이 되어 '우리 집'에서 즐거운 시간을 보냈다. 아이들은 그동안 쌓아놓았던 이야기들을 구구절절 끊임없이 꺼내놓았다. 산성비 프로젝트에서 벤은 만점을 받았다. 벤이 속한 실내 축구팀은 연승 행진을 달리고 있었다. 브랜든의 색소폰 실력이 급진전을 보였다. 더 이상 철따라 이동하는 거위 울음 같은 소리는 안 났다. 비로소 음악처럼 들리기 시작한 것이다. 베다니는 운전을 배우고 있었다. 덕택에 내 아내의 기도 역시 더더욱 간절해졌다. 이 모든 일이 몇 주 동안에 일어났다니! 아이들과 이러한 대화를 나누는 동안 저쪽 건너편에서는 셰리가 우리를 바라보고 있었다. 그동안 아내 홀로 이 '동물원'을 관리해왔다. 그뿐인가? 병실에 누운 나를 보살펴주기까지 했다. 그날 아내를 향한 내 사랑과 애정은 '그린치'(Grinch, 닥터 수스[Dr. Seuss]의 동화 '그린치는 어떻게 크리스마스를 훔쳤나?'에 등장하는 괴물 캐릭터. 뒤틀린 마음으로 항상 크리스마스를 망쳐놓던 그린치는 마음씨 고운 소녀 신디 루[Cindy-Lou]를 만나 선한 마음을 배우고 결국에는 크리스마스를 즐겁게 보낸다-역자 주)의 심장처럼 세 배 넘게 커져갔다.

그동안 값을 매길 수 없는 귀한 선물도 많이 받았다. 가장 귀한 선물 중 하나는 우리 가족의 오랜 친구 완다(Wanda)가 보내준 것이었다. 아니 그녀 자체가 선물이었다. 내가 아파서 입원했다는 소식에 완다는 한걸음에 달려와 셰리와 함께 가사를 도왔다. 요리부터 청소 그리고 운전은 물론 아이들의 숙제를 돕는 일도 자청했다. 친구를 위해 자신의 삶을 내려놓는 것이 무엇인지 제대로 보여준 경우였다. 그녀의 헌신이 없었더라면 우리의 삶은 '광란' 그 자체였을 것이며, 매일 셰리와 내가 병실에서 시간을 보내는 일도 불가능했을 것이다.

성탄절 주간에 친척과 친구들이 우리 가족을 방문했다. 그들에게 따뜻한 허그(hug), 뜨거운 눈물과 기도를 충분히 받았던 한 주였다. 크리스마스 연휴 동안 우리가 나누었던 대화는 사뭇 진지했다. 아니 그래야만 했다. 대화 중 수시로 격려의 말과 감사의 말이 오갔다. 장래의 꿈과 계획, 소원과 목표들을 나누었다. 크리스마스도 함께 못 보낸 채 가족을 잃어야 한다는 이전의 공포감 때문이었던지, 서로의 존재에 대한 감사, 서로를 소중히 여기는 마음도 예전과 사뭇 달랐다. 그저 함께 모여 음식을 먹고 시간을 때우던 예전의 성탄절과는 달리, 이번 연휴 동안에는 성탄절의 참된 의미를 '음미' 했던 것 같다. 내게는 가족과 친구들의 소중함, 값을 매길 수 없는 그들의 소중함을 새롭게 인식하는 계기였다.

극도의 피로가 몰려왔지만, 매해 우리 교회에서 열리는 성탄 전야 행사에 참석하기로 했다. 프로그램이 끝날 무렵 몰래 교회 안으로 들어갔다. 예배실 옆문을 열고 자리를 찾으려고 좁은 통로를 지나는 동안 여기저기서 나를 알아 본 성도들이 수군거리기 시작했다. 이어 그들의 입에서는 감탄사가 터져 나왔다. 깜짝 놀라 긴 숨을 들이키는 소리도 들렸고 또 기쁨의 웃음소리도 들렸다. 곧 성도들 전체가 기립하여 웃고 손뼉 치고 울고… 공간 가득 기쁨이 차올랐다. 성도들 대부분은 입원 후 처음으로 나를 만났다. 참으로 귀한 순간이었다. 그들 모두는 충성된 주님의 종들로서 성탄절에 걸맞은 최상의 복장을 갖춰 입고 행사에 참여하고 있었다. 예배실에는 빨간 딸기가 군데군데 섞인 녹색 덤불 모양의 장식이 걸려 있었고, 여자 아이들의 반짝거리는 의상은 흡사 성탄트리 장식처럼 도드라졌다. 교회를 섬기는 장로 잭(Jack)도 보였다. 잭은 매해 크리스마스 때마다 건전지를 넣어 불을 밝힌 나비넥타이를 매는 사람으로 '악명' 높았다.

입원한 이후 두 번째로 '집은 정말 달콤하다!'는 생각을 했다. 내 마음 깊은 곳에서는 '도대체 무슨 말을 해야 할까?'라는 생각이 자리했다. 내가 얼마나 성도들을 사랑하고 또 그들에게 감사하고 있는지를 말해주려고 마음먹었다. 하지만 마이크를 잡고 입을 여는 순간 눈물이 쏟아졌다. 이 소중한 사람들과 주님의 길을 함께 걸어가니, 나는 정말 복이 많은 사람이다.

집으로 돌아왔다. 밤늦게 아이들과 우리 부부는 우리 가족의 전통인 잼 콘서트(Fam-Jam, 세션들이 모여 즉흥 연주를 펼치는 깜짝 콘서트-역자 주)를 열려고 거실에 모였다. 피아노, 기타, 키보드, 색소폰, 드럼, 그리고 즉석에서 찾아낸 임시변통의 악기들이 콘서트에 동원되었다. 이 모든 악기로 우리는 흥겨운 '소음'을 만들어 주님께 올려드렸다. 그 시간이 얼마나 사랑스러웠던지! 사진 찍는 것을 그리 좋아하는 편은 아니어서 많이 찍지는 않았지만, 그 짧은 한 주 동안 나는 내 머릿속으로 수없이 셔터를 눌러댔다. 기억의 단편들은 멋진 사진이 되어 내 마음속 갤러리를 가득 메웠다. 장차 내 앞에 펼쳐질 수많은 시간 동안 나는 그 갤러리를 수없이 방문할 예정이었다.

튜브와 전선, 간호사들의 재촉, 호출기와 벨 소리로부터 자유로워졌기에 드디어 우리 가족은 방해받지 않고 대화를 나눌 수 있었다. 아이들 각각은 저마다 독특한 호기심, 걱정거리들을 갖고 있었다.

우리는 믿음에 대해 나누었다. 불확실한 상황에서 어떻게 하나님을 신뢰할 수 있는지 토론했다. 또 치유와 기적 등에 대해서도 서로의 생각을 나누었다. 셰리와 나는 주님께서 우리에게 주신 약속들을 아이들에게 말해주었다. 천사의 방문, 그리고 천사를 보내주신 하나님의 놀라운 사랑도 이야기했다.

나는 아이들 한 명 한 명을 바라보며 이렇게 말했다.

"아빠 죽지 않을 거야. 아빠 꼭 이겨낼 거야. 그리고 주님께서 행하신 일들을 모든 사람에게 알려줄 거란다."

우리는 또다시 어깨를 마주대고 원을 그려 모였다. 그리고 무릎 꿇고 기도했다. 고통의 한가운데에서 우리는 기도했다. 하나님께서 우리의 마음에 소망을 채워주시기를 간구했다. 이 여정을 지나면서 우리 가족은 새로운 '신뢰'의 단계에 올라섰다. 새로운 확신 속에서 우리는 쉼을 얻었다.

열다섯 살 먹은 우리 집 개 해리(Harry) 역시 나를 보며 기뻐했다. 나는 그 강아지가 일곱 살 정도 되었을 무렵 '동물 애호 협회'

(Humane Society)에서 데리고 왔다. 담뱃불로 지진 여러 개의 자국은 해리가 얼마나 아픈 상처와 학대를 받았는지 충분히 짐작케 해 주었다. 협회 직원의 설명에 따르면, 해리는 달리는 자동차 밖으로 던져졌고 이어 또 다른 자동차에 치여 도로 곁에 버려졌다고 했다. 헌신된 의료진의 도움 덕에 해리는 건강을 회복할 수 있었다.

해리의 첫인상은 내게 특별한 인상을 심어주었다. 이빨 몇 개가 빠진 상태여서 웃을 때는 '잭오랜턴'(jack-o-lantern, 핼러윈 장식을 위해 호박의 속을 파낸 뒤 그 안에 촛불을 켜 넣어둔 호박 등불-역자 주) 같은 모습이었다. 당시 해리는 거의 청각을 잃은 상태였다. 여느 나이 든 노인들처럼 해리 역시 머리는 벗어졌고 듬성듬성 난 귀밑머리는 무성했다. 처음 봤을 때는 앨버트 아인슈타인(Albert Einstein)과 '세 명의 얼간이들'(Three Stooges: Moe Howard, Curly Howard, Larry Fine 이렇게 세 명의 친구가 주인공으로 등장하는 20세기 초 미국 옴니버스 형식의 고전 코미디 영화-역자 주)에 등장하는 래리 파인의 얼굴을 섞어놓은 모습이었다. 해리는 나를 보자마자 꼬리를 흔들며 내 손을 핥았다. 그렇게 나는 해리와 사랑에 빠졌다.

내가 해리를 끌고 센터를 나왔을 때, 차에 타고 있던 셰리가 개의 모습을 보더니 한숨 섞인 소리로 말했다. "이런, 마음 약한 사람을 보내는 게 아니었는데…"

해리를 데리고 집에 도착했을 때 아이들은 이렇게 물었다.

"아빠, 그건 뭐예요?"

"응. 우리가 키울 강아지란다."

아이들이 대답했다. "어, 그건 강아지가 아닌데요? 강아지처럼 안 보이잖아요?"

마치 못생긴 크리스마스트리를 들고 집에 들어온, 찰리 브라운 (Charlie Brown, 찰스 슐츠[Charles Schulz]의 만화 '피너츠'[Peanuts] 시리즈에 등장하는 주인공. 유명한 캐릭터 스누피[Snoopy]도 등장한다-역자 주)이 된 기분이었다.

셰리는 그동안 해리가 나의 귀가를 고대하며 창문 곁에서 얼마나 충실히 파수꾼 역할을 했는지 말해주었다. 전에도 그랬듯이 그 일주일 동안 해리는 내게 달라붙어 떨어지지 않으려고 했다. 내가 낮잠 잘 때마다 해리는 내 가슴을 침대 삼아 누워서 가끔씩 고개를 들어 내 얼굴을 핥았다. 또 믿지 못하겠다는 눈초리로 나를 노려보기도 했다. 세상에 개의 입 냄새가 이처럼 향긋했던 적은 한 번도 없었다!

한 주가 너무도 빨리 흘러갔다. 짐 꾸리는 것이 왜 그리 싫었던지… 챙겨갈 것은 그리 많지 않았다. 병원 옷장에 이미 유명 디자이너 작 환자복이 기다리고 있었으니까.

"우리의 삶은 주님의 두 손에 있단다." 자동차에 오르면서 아이들에게 말했다. 이제 병원으로 돌아가 또 다른 여정을 시작해야 한다.

"주님께서 우리 모두를 돌보아주실 거야. 금방 돌아올게, 얘들아."

목에 맺힌 것을 겨우 삼키고 말을 이었다. 그리고 돌아섰다.

소망을 적는 나만의 일기장

감사는 우리의 마음이 주님의 임재 안에 머물 수 있는 방법이다 (감사할 때 우리의 마음은 주님께 달라붙는다). 우리가 주님께 감사드리며 하나님과 그분의 모든 행적을 기억할 때, 우리는 그분의 궁정으로 들어가게 된다(시 100:4 참조). 그 문을 들어갈 때 하나님을 더 깊이 알게 된다.

감사하는 사람들은 항상 하나님의 신실하심을 기억한다. 그들은 항상 하나님께서 행하신 놀라운 일들을 묵상한다(묵상의 원래 의미대로 하나님의 놀라운 역사를 '중얼거리며, 또 스스로에게 이야기한다').

하나님의 신실하심을 잊는다면, 우리의 영적 감각은 극도로 무뎌진다. 제자들을 가르치시던 어느 날 예수님께서는 '누룩'을 예로 들어 말씀하셨다. 당시 제자들은 긴 여정 중 떡을 준비하지 못해 염려하고 있었다. 방금 어린아이의 도시락으로 예수님께서 오천 명(계수된 남자 어른만)을 먹이신 놀라운 사건을 목격하였음에도 제자들은 그렇게 근심했다. 누룩을 예로 들어 말씀하시는 주님을 보며 그들은 떡을 준비하지 못한 것에 대해 예수님께서 미묘한 말씀으로 자신들을 혼내신다고 생각했다. 이에 예수님께서는 그들의 영적 무지를 단호한 어조로 지적하셨다. "눈이 있어도 보지 못하며 귀가 있어도 듣지 못하느냐"(막 8:18). 정말로 그들은 영적 능력이 없어 예수님이 하시는 일을 보지도 듣지도 못했다. 예수님께서는 계속 질책하셨다. "너희는 기억하지 못하느냐"(막 8:18). 하나님께서

'방금' 행하셨던 일조차 기억하지 못했기에 제자들은 '지금' 하나님께서 행하시는 일을 보지 못했다.

하나님의 선하심에 대한 기억은 우리의 영적 민감도를 일깨워준다.

당신이 하나님의 신실하심을 경험했던 특별한 사건이 있다면, 성령님께서 당신의 마음에 그 사건을 상기시켜주시도록 간구하라.

❦ 지금 하나님께서 무엇을 보여주시는가?

_____
_____
_____
_____
_____
_____
_____
_____
_____
_____

하나님의 선하심을 기억하면서 동시에 성령님과 연합하며, 성령님께서 당신의 눈을 여시기를 기도하라. 주께서 보여주고자 하시는 모든 것을 볼 수 있게 해달라고 간구하라.

❦ 당신은 무엇을 보았는가? 무엇을 들었는가?

_____
_____
_____
_____
_____
_____
_____
_____
_____
_____
_____
_____
_____
_____

8장
치유의 임재

전쟁은 여호와께 속한 것인즉…(삼상 17:47b)

　　고통의 시간을 지나는 동안, 수많은 도움의 손길이 우리를 찾아왔다. 멈추지 않고 쏟아지는 도움이었기에 우리는 놀라움을 금치 못했다. 매주 일련의 여성들이 자원하여 셰리와 함께 집 청소를 도왔다. 또한 매주 음식을 만들어 날라준 여성도 있었다. 사람들이 전달해준 음식의 양은 주중에 충분히 먹고도 남을 정도였다. 그래서 주말마다 우리 아이들은 남은 음식으로 거나한 잔치를 벌였다.

　큰 아들 벤은 교회에서의 재정 지원이 계속된다는 사실을 몰랐다. 재정 지원이 끊어진 줄로 알고 있었던지 가장의 책임을 다해야 한다는 막중한 부담감을 안고, 까다로운 식성의 막내 브랜든에게 아무 음식이나 골고루 잘 먹을 것을 수차례 다그치기도 했다. 한 번도 먹어보지 않은 스타일의 캐서롤(casserole, 각종 고기 찜과 밥을 섞어 볶은 요리-역자 주) 앞에서 브랜든이 눈살을 찌푸리자 벤은 이렇게 말했다:

"브랜든, 당장 먹지 않으면 혼날 줄 알아. 음식은 이게 전부야. 다른 음식은 없어. 아빠가 일하실 수 없기 때문에 우리 집에 돈이 없단 말이야. 그래서 사람들이 음식을 가져다주는 거라고!"

또한 벤은 가계에 보탬이 되고자 언제든지 6학년 과정을 포기할 각오가 되어 있으며 무슨 일이든 하겠노라고 엄마에게 말했다고 했다. 물론 그 말을 들은 즉시 셰리는 교회에서의 재정 지원이 계속되기 때문에 걱정하지 않아도 된다고 말해주었다. 어쨌든 어려운 시간을 지나는 동안 벤은 가족을 돕고자 헌신하기로 결심했으니, 그 열정이 참으로 기특했다.

- 우리가 받았던 가장 위대한 선물은 우리를 위해 주님의 임재 안으로 들어갔던 주변 사람들의 기도였다. 종종 사람들은 입버릇처럼 "당신이 저를 위해 기도하고 있다는 것을 느낍니다"라고 말한다. 그렇기 때문에 이런 말은 짐짓 진부한 소리처럼 들리기도 한다. 하지만 당시에 우리 부부는 정말로 그들의 기도를 느꼈다. 그들의 기도에 우리의 마음이 힘을 얻었기 때문이다. 그들은 하나님께서 우리의 필요를 채워주실 거라고 믿고 중보했기에, 우리를 향한 사탄의 공격은 좌초되었다. 예수님의 이름으로 이들이 드렸던 기도의 영향력과 효과의 규모 및 깊이는 오직 하늘(영원)만이 알고 있을 것이었다. 예수님의 형제인 야고보는 기도의 능력을 다음과

같이 설명했다. "너희가 얻지 못함은 구하지 아니하기 때문이요" (약 4:2). 사람들은 우리를 위해 간구했다. 그리고 우리는 얻었다. 하늘의 자원이 우리의 마음에 가득 채워졌다.

면역 기능이 약화되었기에 나는 개인 병실에 격리되었다. 때때로 그곳은 감옥처럼 느껴졌다-단지 철창살만 없을 뿐⋯ 오직 가족에게만 면회가 허락되었다. 그것도 내가 치료받는 동안에는 가족 모두가 보호 가운과 마스크를 착용해야 했다. 위험물질을 다루는 근로자의 복장으로 갈아입은 가족들, 손닿을 거리에 있었으나 나는 그들을 만져서는 안 되었다. "혹시 하나님도 이런 기분을 아실까? 이러한 좌절감을?" 나는 궁금해졌다. 하나님은 우리를 곁에 두기 원하시지만 우리는 그분의 펼친 손 너머에 머물기 원한다. 아마 하나님도 좌절감을 느끼셨을 것 같다.

내 병실은 복도 모퉁이에 자리했기 때문에 창문 너머로 면회자 대기실이 보였다. 아주 이른 아침, 나는 마틸다를 질질 끌면서 또 발을 동동 구르며 내 병실 이곳저곳을 거닐곤 했다. 가족도 좋고, 친구, 지역 사람들도 좋으니 얼른 만나고 싶었다. 나는 자주 면회자 대기실을 응시하며 그곳에서 지난 밤 나를 위해 기도해주었을 친구들의 얼굴을 찾아보곤 했다. 몇몇의 얼굴이 멀찍이서 보였다. 그들은 대기실 창문에 얼굴을 가져다대고 나를 향해 미소를 지었다. 나 역시 동일하게 미소를 지어 보였다. 45미터나 떨어져 있었지만 우리의 마음은 하나로 연결되었다.

입원 기간 동안 우리는 성령의 연합을 맛보았다. "서로가 지체가 되는"(엡 4:25 참조) 참된 경험과 더불어 우리는 성령과의 연합도 만끽했다. 이는 특정 조직의 일원이 되는 것 이상의 경험이었다. 우리는 주님의 임재 안에서 참된 연합의 기쁨을 누릴 수 있었다.

친구 중 한 명은 정기적으로 자동차로 병원 주위를 돌면서 '여호수아 vs 여리고'의 기도를 드렸다. 그는 그렇게 내 대신 암 질병의 '성벽'이 무너지기를 기도했다.

암을 이겨내셨던 내 어머니 역시 매일같이 나를 위해 기도해주셨다. 날마다 하나님의 치유 능력이 내 몸 안에 흘러넘치기를 간구하셨다.

그 외에 따뜻한 격려의 말, 기도문 등을 이메일로 보내준 이들도 있다. 여러 사람이 함께 모여 점심을 먹거나 휴식을 취하던 중 나를 위해 기도하자는 누군가의 제안에 동의하여 즉석에서 기도 모임을 연 경우도 많았다고 들었다.

누군가의 도움이 절실했던 시기에 든든한 힘이 되어준 사람들 모두에게 감사의 말을 전하는 것은 불가능하다―무엇보다 지면이 턱없이 부족하다. 나는 그들의 기도가 하늘을 흔들어 이 땅 위에 변화를 가져왔다고 확신한다. 기도하는 사람의 숫자 때문이 아니라 그들 마음에 담긴 열정 때문이리라. 야고보가 말했듯이 "의인의 진심 어린(가슴을 울리는, 지속적인) 간구는 역사하는 힘이 크다(강하게 성취된다)"(약 5:16b, 확대성경 참조). 짧은 순간이라도 "도시 인구의 절반 정도가 기도해야 변화가 일어나지 않을까?"라는 생각은 품지 마라. 소돔 성을 위해 중보 기도했던 사람은 아브라함, 단 한 사람뿐이었다. 그의 기도가 있었기에 소돔을 향한 하나님의 심판이 조금이나마 지연되었다(창 18장 참조). 모세 한 사람이 기도했다. 그 결과 이스라엘을 멸하기로 작정하셨던 하나님께서 마음을 바꾸셨다(출 32장 참조). 한 사람의 기도가 도시 전역을 구할 수 있다. 한 사람의 기도가 온 나라를 구원할 수 있다. 실로 의인 한 명의 기도가 이루어내는 일은 엄청나다. 그렇다. 의인의 기도는 역사하는 힘이 크다! 만일 경건한 사람 한 명이 예수님의 이름으로 당신을 위해 기도한다면, 지금 당신이 처한 상황 속에서 엄청난 역사가 일어날 것이다!

부모님께서는 정말 '신실하게' 면회를 오셨다. 종종 반입 금지된 음식이 어머니의 커다란 가방에 담겨 운반되곤 했다. 병원 음식을 입에 댄 후 살짝 찡그린 표정을 지었을 뿐인데, 그 모습을 본 어머니는 '기필코 내 아들에게 맛난 음식을 먹이리라' 굳게 다짐하셨던 모양이다. 결국 늙은 자식을 향한 더 늙은 어머니의 보호본능은 기어 5단으로까지 올라갔다. 자식에게 맛난 음식을 공수하고자 혈안이 된 부모님 앞에 그 어떤 높은 산도 결코 걸림돌이 될 수는 없었다. 어머니는 '포커페이스'(poker face)를 한 채, 겉으로는 아무렇지도 않은 듯 간호사 데스크를 '마음껏' 지나다니셨다. 하지만 부모님께 이러한 임무는 고도의 첩보전과 같았으리라. 태연한 자태를 뽐내며 수간호사 앞을 지나치지만, 부모님의 몸에서는 아드레날린이 과도하게 분비되었을 것이다. 부모님의 '비밀 음식 공수 작전'은 입원 기간 중 내가 즐길 수 있었던 매주의 하이라이트였다.

광야에서 이스라엘 백성이 먹었던 기적의 빵 '만나'를 아는가? 그 이름의 의미는 "도대체 이게 뭐지?"이다(이스라엘 백성이 처음 만나를 보았을 때, 그 정체가 궁금해 "이게 뭐지?"라며 의문을 표했다. 이 의문문이 히브리어로는 '만나'인데 여기서 그 음식의 이름이 유래되었다-역자 주). 병원에서 주는 음식을 맛보며 나는 종종 '만나'를 체험해야 했다-"도대체 이게 뭐지?"

언젠가는 '만나' 여럿이 한꺼번에 큰 충격을 준 일도 있었다. 출처를 알 수 없는 캐서롤이 메인 메뉴로 등장했는데, 세상에나 찐 호박이 돈육제품(햄, 소시지 등)과 정면충돌한 모양새였다!

"아들아 먹지 마라!"

내 음식 쟁반을 가로채 화장실 변기에 쏟으시며 아버지가 선언하셨다. 가볍게 음식을 처분한 뒤 아버지는 산뜻한 마음으로 화장실을 나오셨다. 아뿔싸! 화장실 앞에서 아버지를 기다리고 있던 사람은 층 담당 간호사였다. 배경음악처럼 흐르는 변기 물소리가 당시의 긴장감을 고조시키는 가운데, 아버지의 손에 들려진, 깨끗이 비워진 쟁반만이 환하게 빛나고 있었다. 이내 아버지의 두 뺨은 죄책감으로 벌겋게 달아올랐다. 나쁜 짓을 하다가 현장에서 들킨 초등생처럼 한 차례 멋쩍은 미소를 날리신 뒤 아버지께서는 이렇게 말씀하셨다.

"거 참 굉장히 맛있네!"

층 간호사 폴라(Paula) 수녀는 아버지에게 축복의 말을 건네고 병실을 떠났다. 아버지와 나는 한참을 웃었다. 그렇다. 웃음도 필요했다.

아버지는 캐비닛 가구 회사의 판매부 대표로서 중부-대서양 연안에 걸친 여러 주(州)에서 세일즈를 담당하셨다. 때때로 아버지께서는 긴 출장을 마친 후 귀가하시던 도중 '뜬금없이' 내 병실에 들르곤 하셨다. 이른 아침, 무거운 눈꺼풀을 겨우 들어 올리면 침대 밑 소파에 누워 잠드신 아버지의 모습을 볼 수 있었다. 그때마다 어린 시절의 기억이 문득 떠올랐다. 부모님의 세심한 배려와 보살핌으로 가득한 어린 시절의 아련한 추억 말이다.

병실에 누워 있는 내 모습을 보시며 아버지는 눈물이 그렁그렁한 눈으로 말씀하셨다.

"내가 대신 아플 수만 있다면…"

나는 아버지의 심정을 십분 이해한다. 나 또한 내 아이들을 머릿속으로 떠올리며, 만일 그들의 생명이 위험하다면 어떤 기분이 들까 하고 생각해보았다. 이에 대해 '아버지'라면 모두가 동일한 대답을 건넬 것이다.

이러한 내 아버지의 모습에 하늘 아버지가 떠올랐다. 하나님의 심장은 우리를 향한 사랑으로 고동친다. 그래서 하나님은 우리를 자신의 품으로 이끌기 위해 그토록 멀고 먼 길을 지나셨던 것이다. 하늘 아버지께서는 우리를 위해 하나뿐인 그분의 아들을 십자가의 죽음으로 내모셨다. 천국이 소유한 모든 것, 곧 예수 그리스도를 내어주신 것이다. 우리를 얻기 위해 천국을 통째로 매각하셨다! 지금 하나님께서는 우리가 처한 상황 속에서 우리와 동행하신다. 하늘에 계신 우리 아버지는 우리가 상상하는 것 이상으로, 우리가 간구하는 것 이상으로 행하실 수 있다!

흐르는 시간 속에서, 나는 너무나 많은 것을 잃어버렸다. '분실물 리스트'의 상단에 기록된 품목은 단연 '피아노'였다. 수년 동안 피아노를 연주하며 주님께 드리던 찬양 예배는 주님과 내 마음이 연합되는 '성막'과도 같았다. 이처럼 찬양과 피아노 연주가 어우러질 때, 내 영혼에는 즉석 성막이 세워졌다. 나는 채플(병원 혹은 학교 등에서 진행되는 예배나 미사 혹은 이를 위한 공간-역자 주)에 갈 수 있게 해달라고 로즈마리와 폴라 수녀에게 끈질기게 부탁했다. 결국 그들은 내 간절함에 설득되어 '치료 시간'에 나와 함께 채플실로 향했다. 병원에서 공식 허가가 떨어진 후 우리는 주기적으로, 면회 시간이 끝남과 동시에 본관 채플실로 이동했다. 그곳은 고목의 향기, 양초의 밀랍, 그리고 오래된 찬송가가 한데 어우러져 고풍스러운 분위기를 자아냈다. 나는 피아노 앞에 앉아 주님을 찬양했다. 이 찬양을 자주 불렀다:

> 주의 거룩하심 생각할 때(주의 거룩하심을 바라볼 때)
> When I look into Your holiness
> 주의 크신 사랑 느낄 때(당신의 사랑스러움을 목도할 때)
> when I gaze into Your loveliness
> 주의 영광의 빛 나의 생활 비춰주실 때(내 주변을 둘러싼 모든 상황이 주님의 빛 앞에서 단지 그림자로 변화될 때⋯)

When all things that surround become shadows in the light of You…1)

찬양할 때 주님의 임재가 우리를 감싸는 것 같았다. 그분의 임재는 모든 것에 생기를 주었다. 나는 새로운 시각으로 내 주변의 모든 것을 바라보게 되었다. 모든 것-심지어 암 마저도-그 모든 것이 주님의 임재의 빛 앞에서는 그저 그림자일 뿐이다.

2차 키모테라피 치료의 7일 일정을 시작하기 전에 남동생과 여동생이 각자의 혈액 검사 결과를 병원에 제출했다. 골수이식의 사전 작업으로 그들의 골수 적합 여부를 판별하기 위해서였다. 다니엘(Daniel)과 로리(Lori)는 내 생명을 구하기 위해서라면 무슨 일이라도 하겠노라고 말했다. 사실 골수이식은 골수 기여자나 수여자 모두를 질리게 할 정도로 복잡한 절차다. 하지만 동생들은 나를 위해 어떤 어려움도 감수하겠다고 했다. 나는 이러한 동생들의 마음 씀씀이에 감동했다. 이들의 사랑 어린 행동과 헌신이 내게 어떤 감동을 주었는지는 말로 다 형언할 수 없다.

비록 나이는 많이 차이나지만, 함께 자라면서 우리 형제는 항상 친하게 지냈다-로리는 나보다 다섯 살 어리고 다니엘은 로리보다 세 살 더 어리다. 나이 차이 덕에 동생들에게 나는 절대불가침의 '빅 브라더'(big brother, 조지 오웰[George Orwell]의 소설 '1984년'에 등장하는 표현으로 개개인을 감시하는 정부를 빗댄 말이다. 미국에서는 FBI를 지칭하기도 한다-역자 주)였다. 일찍부터 목사가 되려고 해서 그랬는지 내게는 자연스럽게 동생들을 감시하는 버릇이 생겼다. 그들을 보호하고 가르치고 훈계하는 버릇 말이다. 어른이 되어서도 나는 매주 동생들에게 전화해서 제대로 살고 있는지를 확인했다. 어쩌면 동생들을 보살피는 책임감은 하나님께서 내게 주신 은사일지도 모른다.

그런데 지금은 동생들이 나를 보살핀다.

로리는 우리 고향 교회 출신의 지혜롭고 멋진 청년과 결혼했다. 매제(妹弟)는 이후 변호사가 되었고, 결혼 후 로리는 훌륭한 하프 연주자가 되었다. 또한 멋진 두 아들과 소중한 딸의 어머니였다. 로리 부부와 슬하의 삼 남매는 몇 마리의 골든리트리버 강아지를 데리고 작은 농장으로 이주하여 행복하게 살고 있다.

다니엘은 어린 시절부터 마음에 두었던 처자와 짝을 이루었다. 다니엘은 지역의 고등학교에서 역사 과목을 훌륭하게 가르치는 교사로 재직 중이다. 게다가 뛰어난 피아노 연주자이자 워십 리더다. 하지만 다니엘을 가장 잘 설명해주는 말은 재주꾼일 것이다. 아마 당신이 알고 있는 그 어떤 누구보다, 훨씬 더 야생적이고, 열광적이고 또 떠들썩한 사람이리라. 그런데 제수(弟嫂) 베스(Beth)는 다니엘을 다루는 법을 잘 알고 있다. 이 집에는 다니엘-베스 부부와 슬하의 세 딸과 수많은…화장실이 있다.

검사 결과 다니엘의 골수가 내 것과 거의 완벽하게 일치했다. 우리 부부는 수술 절차와 계획을 논의하기 위해 지역의 큰 대학병원 소속 골수이식 전문의와 만나기로 했다. 셰리의 누이 로빈은 간호사다. 그래서 골수이식 전문의와 상담하는 자리에 로빈과 그녀의 남편 밥(Bob)이 동행하기로 했다. 참으로 고마운 일이었다. 로빈은 자신의 의학 지식을 동원하여 의학 전문 용어를 우리가 이해할 수 있는 '일반 언어'로 바꿔주었다. 아주 간단한 용어들을 사용하여 쉽게 설명해주었다.

우리는 병원 내 젊은 내과 의사의 진료실로 안내를 받았다. 이후 의사의 자기소개가 급하게 이어졌다. 또한 그 병원이 자랑하는 골수이식의 높은 성공률에 대해서 듣게 되었다. 인상적이었다. 하지만 적합한 기증자를 찾았다고 해서 자동적으로 모든 환자가 이식수술을 받게 되는 것은 아니라는 설명도 이어졌다. 나는 고개를 갸우뚱거렸다. 적합한 골수를 찾았는데 왜 수술을 못 받는다는 것일까? 내가 이식수술이 가능한지 알고 싶어서 의사의 소견을 물었다.

"저는 골수이식을 받을 수 있습니까?"

그는 이렇게 대답했다.

"선생님의 경우, 강도 높은 급성 백혈병입니다. 병을 진단 받고 첫 번째 치료가 진행되기 전, 이미 아주 오랫동안 병을 앓으셨습니다." 내 차트를 훑어본 후 그는 무뚝뚝한 어조로 말을 이었다.

"성공적인 시술 확률을 따져볼 때, 선생님의 경우 수술을 하려면 굉장히 높은 위험을 끌어안아야 합니다. 선생님의 질문에 답변을 드리자면…죄송합니다. 안 됩니다. 골수이식을 받으실 여건이 안 됩니다. 그러므로 현재의 키모테라피 치료법을 계속 진행하시면서 상황이 어떻게 진행될지 살펴보았으면 합니다."

로빈은 의사에게 다양한 질문을 쏟아냈다. 하지만 그 모든 질문에 대해 의사가 제시한 대답은 한결같았다. "안 됩니다!" 이후 로빈과 의사는 그들만의 '의학 언어'로 한참 논쟁을 벌였다. 결국 그 의사가 '전 지금 할 일이 산더미 같습니다. 이 일에 더 이상 신경 쓰고 싶지 않습니다'라는 표정을 지으며 산더미 같은 의료 차트를 내게 되돌려주고 나서야 그들의 논쟁이 끝났다.

의사는 재빨리 의자에서 일어나면서 내게 악수를 권했다.

"헤스 선생님, 건강을 회복하시기를 빕니다."

그는 약간은 상기된 얼굴로 어색한 미소를 지은 뒤 손목시계를 쳐다보며 나가는 문으로 우리를 안내했다.

그의 진료실을 나서자 큰 암 병동이 나타났다. 긴 복도 양편으로는 입원해 있는 암 환자들의 모습이 보였다. 소망 없는 눈동자, 그들의 몸에 나타난 암 질병의 뚜렷한 증후, 미묘한 증상들이 한데 어우러져 절망의 분위기를 연출해냈다. "난 정말 암이 싫어!" 마음속으로 외쳤다. 나는 영적인 무기 및 모든 물리적인 방법을 총동원하여 이 질병을 없애겠노라고 다시 다짐했다!

> 주여, 당신의 나라가 이곳에 임하게 하소서! 지구 상의 이 모퉁이에 하늘나라를 채우소서! 이 땅을 '암 없는 구역'(cancer-free zone)으로 제정하옵소서!

내 영혼 깊은 곳에서 이 뜨거운 외침이 올라왔다. 그 뜨거운 열정의 흔적은 지금도 내 영혼에 남아 있다. 의사의 말에 심한 충격을 받은 후 병원 밖으로 나왔을 때 우리를 맞아준 것은 1월의 차가운 공기였다.

"괜히 수술 성공률이 높은 게 아니었군." 셰리가 분노를 표출했다. 진료실에서는 코르크 마개로 꼭꼭 막아두었던 좌절의 거품이 지금 부글부글 끓어오르는 모양이었다.

"성공이 보장된 환자에게만 시술하니까 그렇지!" 셰리는 거침없이 말했다. 그 순간만큼은 그녀에게서 공정함을 찾아볼 수 없었.

"다른 환자들은 어쩌란 말이야? 도대체 어떻게 하라고?"

셰리는 내 얼굴을 물끄러미 쳐다보았다. 나는 지금도 그때의 표정을 잊을 수가 없다. 이 여정 중 그녀의 마음이 흔들리고 있음을 처음으로 엿보았던 가시적인 표지였다.

"우리는 어떻게 하라고?"

우리가 함께했던 수많은 나날 동안 나는 단 한 번도 아내가 어떤 생각을 하고 있는지 궁금했던 적이 없었다. 그녀는 솔직했다. 목표도 뚜렷했고, 직선적으로 살았으며 말도 명확하게 했다. 그렇기에 그동안 그녀의 마음은 완전히 노출되었다고 할 수 있다. 하지만 그때는 달랐다. 물론 나는 아내의 마음을 충분히 이해한다. 나 역시 그녀처럼 절망했으니까.

이처럼 어수선한 상황에서 셰리와 나는 성령님께서 다음과 같이 말씀하시는 것 같은 느낌을 받았다.

"지금은 너희가 상당히 당혹스러워하는 것 같으니 예전에 너희에게 주었던 약속들을 다시 상기시켜주겠다."

- 너는 죽지 않고 살 것이다.
- 너는 주님께서 행하신 일을 선포하게 되리라.
- 왜냐하면 이 전쟁은 주님의 것이기에.
- 네가 고통의 골짜기를 지날 때 하나님께서 네 앞에 소망의 문을 열어두시리라.

성령님께서 우리 위에 주님의 생명수를 몇 번 뿌리시자, 우리는 곧 제정신을 차리게 되었다. 암은 '현실'이었다. 그러나 예수님은 '진리'이시다. 우리는 병원 정책의 희생자가 아니었다. 하나님의 나라에서 우리는 정복자 그 이상이다. 우리는 위대한 내과 의사, 예수 그리스도의 자녀! 치유를 원했던 만큼이나 우리는 우리를 치유하시는 분-곧 그리스도를 원했다. 그리스도께서 절망과 쓴 뿌리로부터 우리를 치유하셨다. 이는 치유의 능력으로 내 몸을 어루만지시는 것 그 이상이었다. 주님께서는 나의 삶 전체를 그분의 임재 안에 푹 담그셨다.

새롭게 다짐하며 우리는 성령 병원으로 돌아왔다. 2차 키모테라피를 받기 위해서.

이는 우리의 믿음을 새롭게 시험해볼 기회였다.

소망을 적는 나만의 일기장

나는 주님께 도움 구하는 것을 주저하는 나 자신의 모습에 끊임없이 당혹스러워한다. "너희 소망을 주님께 아뢰라", "구하라, 찾으라, 문을 두드리라." 성경이 이렇게 명령하는데 어리석게도 자신의 자원만으로 살아가려 하는가? 우리에게는 그럴 권한이 없다.

우리에게는 주님이 필요하다. 애초에 우리는 주님 없이 살도록 창조되지 않았다. 또한 하나님께서는 우리 마음의 간절한 외침을 들으시며 그분의 풍성한 자원으로 응답해주신다.

시편 42편 1절 말씀을 보라. "하나님이여 사슴이 시냇물을 찾기에 갈급함 같이 내 영혼이 주를 찾기에 갈급하니이다." 하지만 하나님은 작은 시냇물로 응답하시는 분이 아니다. 우리가 간구할 때 '폭포'로, '파도와 물결'로 우리를 '휩쓰시는' 분이다(시 42:7 참조).

✎ 지금, 당신은 하나님께 어떤 도움을 요청했는가?

🌱 지금, 당신의 몸은 무엇을 간구하는가?

◈ 당신의 정신적·감정적 필요는 무엇인가?

🌱 당신은 무엇(어떤 것)에 대해 가장 큰 영적 배고픔을 느끼는가?

---

1. Cathy Perrin and Wayne Perrin, "주의 거룩하심 생각할 때"(When I Look Into Your Holiness).

9장
고통(재난)을 지나다

내가 사망의 음침한 골짜기로 다닐지라도 해를 두려워하지 않을 것은
주께서 나와 함께 하심이라(시 23:4a)

2차 키모테라피는 순조롭게 진행되는 것 같았다. 교대 근무하는 간호사들은 밤낮 가리지 않고 수시로 내 병실을 드나들었다-링거 병 교환, 튜브 상태 점검, 약품 삽입 기계의 세팅을 위해서였다. 병실에 들어온 간호사들은 날씨, 그들의 자녀, 그리고 세상 곳곳에서 일어나는 일들에 대해 나와 잡담을 나누곤 했다.

마틸다는 크리스마스 기간 동안 내가 잠시 자리를 비운 것에 대해 용서해주었고 우리는 또다시 서로에게 훌륭한 왈츠 파트너가 되었다. 마틸다가 쉴 새 없이 휘저어준 약물 칵테일은 고무 튜브를 통해 고스란히 내 가슴 안으로 주입되었다.

담당 간호사인 로즈마리는 성경에 대해 더 많은 것을 질문했다. 그녀의 완고했던 얼굴 표정이 따뜻한 미소로 변해가는 것을 볼 수

있어서 좋았다(생각해보라. 과거에 그녀는 설교자들을 혐오했다!). 하루는 내가 어떤 찬송가의 후렴 부분을 허밍으로 노래하고 있었는데, 어깨 너머로 들었던지 그녀는 그 노래를 가르쳐달라고 졸랐다. 로즈마리는 찬송도, 성가곡도, 그와 같은 '종교적인 것들'도 그다지 많이 알지 못한다고 밝혔다.

하지만 우리 둘 모두는 루이 암스트롱(Louis Armstrong)의 열렬한 팬이었다. 참으로 '행복한 공통점'이 아닌가! 우리는 종종 'What a Wonderful World'를 함께 부르곤 했는데, 노래의 마지막 가사 '…I say to myself, what a wonderful world'를 'what a wonderful God'으로 바꾸어 불렀다.

성령 병원은 로마 가톨릭 교회의 감독 아래에 운영되고 있었다. 교회와 병원의 파트너십이 병원 안에 특별한 분위기를 조성해 놓았다. 하루 일과의 시작과 끝을 알리는 성경 낭독과 기도문이 스피커를 통해 울려 퍼진다. 또한 의료진들이 번갈아가며 마이크를 잡고 그날그날 낭독한 성경 말씀에 대한 자신들의 생각을 발표하기도 한다. 이후 병원 의료진과 환자들을 위한 기도가 이어진다. 때때로 질리기도 했고 또 다분히 종교 행위처럼 보이기도 했지만 어떤 날에는 그들의 이야기가 생명의 강물처럼 다가오기도 했다.

내 생애를 통틀어 그 병원에 입원했던 기간 만큼 수녀들과 많은 대화를 나눴던 적은 없었다. 사실 입원하기 전까지는 수녀들과 대화했던 기억 자체가 없었다. 슬프게도 수녀들을 접했던 유일한 경험은 영화 '사운드 오브 뮤직'(The Sound of Music)이었다.

하지만 입원과 동시에 나는 몇몇 수녀와 오랫동안 시간을 보내는 특권을 누리게 되었다. 특히 폴라 마리(Paula Marie) 수녀와 함께하는 시간은 특별했다.

그녀는 이 암 병동을 수년간 지켜왔다. 영감 어린 책들로 가득한 손수레를 밀며 복도를 누비는 폴라 수녀는 내 병실을 지날 때마다 부드러운 눈빛과 친절한 말을 건네며 내 가슴을 따뜻하게 해주었다. 그녀는 나와 셰리를 "내 환자들"이라고 부르며 수녀로서가 아닌 엄마로서 우리 부부를 대해주었다. 그녀는 예수 그리스도를 열정적으로 사랑하는 사람이었으며 동시에 천부적인 소질을 지닌 시인이기도 했다. 종종 내 병실에 들러 손수 지은 시(주로 구와 절로 구분된 기도문 형식)를 읽어주기도 했다. 게다가 성경을 사랑하는 여인으로서 내가 쇠약해진 나날 동안 내게 성경을 읽어주었다. 나는 눈을 감고 그녀가 읽어준 말씀을 내 영혼 깊은 곳에 담아두었다.

폴라 수녀는 기도 책에 적힌 기도문을 가지고 나를 위해 기도해주었다. 이후 자신을 위해 기도해달라고 내게 요청했다. 나는 기도 책을 이용하는 전통이 낯설었기 때문에 내가 하던 대로 내 마음에서 우러나는 감동대로 그녀를 위해 기도했다.

하루는 폴라 수녀가 궁금한 눈빛을 하고는 내게 물었다. "목사님, 어떻게 그렇게 기도하실 수 있나요? 어떻게 기도가 술술 나올 수 있지요?"

"올바른 기도라면, 기록된 기도문도 문제될 것은 없습니다." 나는 이렇게 대답했다. "성탄절이나 신년 카드를 사시면 그 안에 금

색으로 인쇄된 멋진 문구가 있지 않습니까? 기록된 기도문은 그와 같습니다. 물론 카드에 인쇄된 글이나 시구를 좋아하긴 합니다만, 그것이 카드를 주고받는 주된 이유는 아니잖아요? 발신자가 직접 펜을 들어 써놓은 글을 읽는 것만큼 기쁘지는 않죠. 기도문으로 기도하는 것도 물론 좋습니다. 하지만 카드 아랫부분에 마음으로부터 우러나오는 말을 직접 써넣는 것을 잊어서는 안 됩니다. 예수님이 그것을 좋아하시니까요!"

폴라 수녀는 미소를 짓고 내게 감사를 표했다. 그녀는 수시로 내 병실에 들어와서 다음과 같이 말했다. "거룩한 목사님(reverend), 나는 지금 카드 아랫부분에 내 마음에서 우러나오는 말들을 적고 있다오!"

그녀는 항상 나를 reverend(성직자에 대한 존경의 표현-역자 주)라고 불렀다. 내게 '거룩한 목사님'이라고 불러준 것은 그녀뿐이었다. 나는 폴라 수녀를 항상 'sister'(자매님, 혹은 수녀님의 뜻을 지닌 칭호-역자 주)라고 불렀다.

2차 키모테라피가 끝나는 날, 의료진은 링거 주삿바늘 및 각종 튜브를 제거해갔다. "마침내 자유로다!"라는 마틴 루터 킹(Dr. King)의 외침이 내 영혼에 울려 퍼졌다(마틴 루터 킹의 《나에게는 꿈이 있습니다》 [I Have a Dream]에 나오는 구절-역자 주). 자유다! 이제 자유롭게 돌아다닐 수 있다. 물론 마틸다와는 또다시 이별을 해야 했다. 마지막 튜브를 제거함과 동시에, 나는 승리의 함성을 지르며 되찾은 자유를 기념하기 위해 복도를 거닐었다. 그날 이른 아침, 의료진들은 내 병실을 찾아와 치료 과정이 끝나면 병실 밖을 나가도 된다고 허락해주었다.

그때는 면회 시간 전이었다. 하지만 이후 많은 사람이 병원에 들어왔다. 그들과 더불어 새로운 병균들도….

링거 병 달린 밀대 없이, 성경을 옆구리에 낀 채 면회실 안으로 들어가 보았다. 다시금 '인간'이 된 것 같은 기분이었다. 면회실 한쪽 구석에는 가죽 소파처럼 보이는, 스펀지로 속을 채운 인조가죽 소파가 있었다. 나는 그 위에 몸을 '풍덩' 빠뜨렸다. 내가 앉아 본 의자 중 가장 편한 의자는 아니었지만 병실 밖으로 나왔다는 사실 자체가 너무도 좋았기에 그 소파에서 느낀 편안함은 실로 대단했다.

나는 이사야서를 펼치고 하나님의 말씀으로 내 영혼을 채우기 시작했다.

잠시 후, 몇몇 환자가 면회실 안으로 들어왔다. 어떤 환자는 링거 달린 밀대를 끌고 들어왔고 또 어떤 환자는 맨몸으로 들어왔다. 그런데 그들 모두 한결같이 지쳐보였다. 나는 그 사람들을 한 명 한 명 쳐다보며 미소를 지어 보였다. 그리고 다시금 이사야서의 말씀으로 돌아갔다.

> 이는 나 여호와 너의 하나님이 네 오른손을 붙들고 네게 이르기를 두려워하지 말라 내가 너를 도우리라 할 것임이니라(사 41:13)

이 말씀이 내 영혼 속으로 들어와 나로 하여금 하나님을 더욱 신뢰하도록 도전을 주었다.

그때 누군가의 모습이 눈에 들어왔다. 면회실 안에 있는 누군가가 나를 응시하는 모습을 본 것이다. 그를 올려다보았을 때 그는 나를 향해 조롱하는 듯, 이상한 표정을 짓고 있었다.

"뭘 읽고 계시나요?" 그는 일어나서 느릿한 걸음으로 나를 향해 걸어오며 물었다.

"굉장히 좋은 겁니다. 이 내용, 한번 들어보실래요?" 그의 물음에 대답했다.

"말씀해보세요. 할 일도 별로 없는데 어디 한번 들어봅시다."

나는 그 구절을 큰 소리로 읽어주었다.

"두려워하지 말라! 내가 너를 도우리라!"

"그걸 정말 믿으십니까?" 그의 얼굴에는 '제발 그 말이 사실이기를' 바라는, 그처럼 소망을 갈구하는 표정이 깃들어 있었다.

"네. 저는 믿습니다."

그리고 왜 그 말씀을 믿는지도 이야기해주었다. 나는 설교하지 않았다. 다만 당시에 느끼고 있었던 실제적인 두려움과 공포심에 대해 나누었다. 그리고 그처럼 두려운 순간에 예수님의 임재가 얼마나 생생하고 사실적이었는지도 말해주었다.

최근 만성 백혈병 진단을 받고 두려움에 사로잡혀 살아가던 그가 다시 한 번 물었다.

"정말 예수님이 당신을 도울 수 있다고 생각하시는 겁니까?"

나는 고개를 끄덕였다. "그분은 당신도 도와주실 수 있습니다." 이 말을 하자 내 속에 그를 향한 긍휼의 마음이 일어났다. "제가 당신을 위해 기도해드려도 괜찮겠습니까?" 그에게 제안했다. 아마도 내 얼굴에는 기대하는 표정이 역력했을 것이다.

그가 고개를 끄덕였다.

나는 성경을 덮었다. 그리고 그의 머리, 얼마 남지 않은 머리카락 위에 살포시 손을 얹었다. 그는 성호를 그으며 앞으로 몸을 숙였다. 나는 간단하게 기도드렸다. 하나님께서 그의 몸을 치유해주시기를, 예수님께서 그를 안아주시기를 간구했다.

기도를 마친 후 우리 둘 다 눈물을 훔쳐냈다. 별다른 말을 할 상황이 아니었다. 그는 단지 "감사합니다"라고 말한 후 면회실을 나섰다. 나는 그의 등에 대고 "형제님을 위해 계속 기도하겠습니다"라고 말했다. 그는 뒤를 돌아보지 않았다. 단지 몇 차례 손을 흔든 후, 절뚝거리며 문을 열고 그곳을 떠났다. '다시 그를 볼 수 있을까?' 나는 스스로에게 질문했다.

이 질문에 대한 답을 얻게 된 것은 몇 주 후였다. 어느 날 아침, 그와 그의 아내가 내 병실로 찾아왔다. 환자복이 아닌 평상복을 입고서, 미소를 함박 머금고 그는 내게 큰 소리로 말했다.

"완쾌되었습니다. 다 나았어요. 이제 암은 없어요! 집에 가게 되었습니다!" 병실을 나서며 그는 뒤를 돌아보고 말했다.

"기도해주신 것, 감사드립니다. 제게 큰 도움이 되었습니다."

그날 그 면회실에서 나는 이사야의 말씀을 다 읽었다. 이후 눈을 감고 나를 향한 주님의 사랑에 조용히 몸을 담가보았다. 주님께서는 말씀으로 내 안을 채우셨다. 그동안 날마다 새로운 자비, 날마다 새로운 아침이었다.

주님의 임재에 깊이 잠겨 있을 때는 정신이 없었다. 때때로 나는 내가 어디에 있는지조차 잊곤 했다. 스피커에서 의사를 호출하는 여성 안내원의 목소리가 나올 때에야 비로소 겨우 정신을 차릴 수 있었다.

그 다음 날 아침, 나는 의사에게 백혈구 검사 결과를 들었다. 잠시 병실과 복도를 가볍게 산책한 후 침대로 돌아왔다. 그리고는 깊은 잠에 빠져들었다. 아주 빠른 속도로… 여기까지가 그날의 기억 전부다.

사실 그날 대부분을 잠으로 보냈다. 사람들이 내 병실을 드나들었다. 하지만 그들의 출입을 일일이 신경 쓰기에는 너무 피곤했다. 잠에 취한 상태에서 그들의 이야기를 들었다. 아주 멀리서 들려오는 소리 같았다. 면회객들은 "목사님이 잠드셨나봐요"라고 속삭였다. 저녁 식사가 침대 곁 테이블 위에 올려졌다. 얼마 지나지 않아 쟁반을 도로 내가는 소리가 들렸다. 머리로는 온갖 몸부림을 다하며 잠에서 깨려고 했으나 곧 깊은 잠 속으로 또다시 빠져들었다.

아침에는 그토록 멀쩡했는데 말이다.

갑자기 한 성경 말씀의 '주소'가 떠올랐다. 그리고는 머릿속에서 계속 맴돌았다! "나훔 1장 9절! 나훔 1장 9절!" 이렇게 끊임없이 반복되었다.

9장 고통(재난)을 지나다 **141**

침대에 누운 채, 침대 맡 작은 스탠드를 켜고 성경책을 잡아당기듯 끌어와 무릎 위에 올려놓았다. 한참 후 성경책을 겨우 들어 올리고는 구약의 나훔서를 펼쳤다. 나훔 1장 9절은 내 '기억 은행'에 저장된 적 없는, 아주 생소한 말씀이었다. 나훔 1장을 향해 책장을 넘기며 생각했다. "나는 지금 한밤중에 병원 침대에 누워 구약성경에 담겨 있는, 한 번도 본 적 없는 말씀을 찾고 있어." 이후 약간은 냉소적인 어조로 입을 벌려 말했다. "혹시 발음하기조차 힘든 히브리 이름들만 무성한 것 아니야? 아니면 '치질 걸린' 왕의 이야기가 아닐까?"

하지만 놀랍게도 내가 찾은 나훔 1장 9절은 다음과 같았다.

> 재난이 다시 일어나지 아니하리라(나 1:9b)
> Affliction will not rise up a second time

어떤 의미인지 확실치 않았다. 그러나 예수님의 모친 마리아가 그랬던 것처럼 나는 말씀을 마음으로 품었다. 그 밤 내내 이 말씀을 묵상했다. 비록 온전히 이해하지는 못했지만 예수님께서 내게 말씀하고 계심을 확신했다. 성경은 우리에게 이렇게 경고한다. "너희는 삼가 말씀하신 이를 거역하지 말라"(히 12:25a). 주님은 말씀을 멈추신 적이 없으시다. 하지만 우리는 너무나 자주 '듣기'를 멈춘다.

다음 날 아침 암 전문의가 내 병실을 방문했다. 그는 검사 결과에 굉장히 만족해하는 것 같았다. 건강한 상태의 백혈구가 다시금 조성되고 있었던 것이다. 그리고 검사 결과 단 하나의 기형 백혈구도 발견되지 않았다. 오, 하나님!

병실을 나서며 그는 전혈 및 혈소판 수혈을 해야 한다고 설명했다. 그리고 "결과는 좋지만 아직 숲을 빠져나온 것은 아닙니다. 급성 백혈병은 굉장히 위험한 병이에요. 어떤 경우에는 전보다 훨씬 더 강한 병세를 동반하여 '다시 일어나기도' 합니다"(It can, in some cases, rise up a second time, even stronger than it did at first). 그 의사가 전한 일차 소견이었다.

그런데 "다시 일어나다?"-들어본 적 있다. 그렇다. 그날 밤! 그 위대한 내과 의사(예수 그리스도)로부터 들었던 말씀이었다. 주님은 "재난이 다시 일어나지 아니하리라"라고 말씀하셨다. 예수님은 더 확실하고 정확한 이차 소견을 암 전문의의 일차 소견에 앞서 내게 들려주셨다!

때때로 하나님께서는 이미 일어난 일들을 설명해주시고자 우리에게 말씀하신다. 그런데 어떤 때는 장차 일어날 일을 준비하도록 우리에게 언질을 주기도 하신다. 이번 하나님의 말씀은 원수의 교활한 '공포 작전'으로부터 우리를 보호하셨다. 주님의 음성을 듣는 일이 얼마나 중요한지 새롭게 깨닫는 기회였다.

그 후 수 주 동안 일련의 충격적인 사건이 전개되기까지, 내가 그 말씀을 얼마나 굳건히 붙들어야 했는지 당시에는 잘 몰랐다. 소망의 문을 여시는 분은 주님이시지만, 직접 그 문으로 들어가 걸어야 하는(혹은 뛰어야 하는) 책임은 우리에게 있다. 솔로몬은 가장 극렬한 전투 속에서도 하나님께서 우리의 피난처가 되신다는 점을 상기시켜주었다. 하나님은 우리를 이끄신다. 그러나 그분의 초청에 반응해야 할 책임은 우리에게 있다. "여호와의 이름은 견고한 망대라 의인은 그리로 달려가서 안전함을 얻느니라"(잠 18:10).

때때로 하나님께서는 우리가 기도한 즉시 응답하시곤 한다. 요구한 즉시 응답이 온다. 이는 불로소득과 같다. 아무런 노력 없이 원하는 것을 얻게 되니 말이다. 하나님의 응답이 즉석에서 이루어지기 때문에 우리는 앞으로의 삶이 '이렇게' 혹은 '저렇게' 전개되리라고 예상한다. 마치 하나님으로부터 즉각적인 응답을 얻어내는 공식이 존재하여, 그것을 발견한 양 기뻐한다.

그런데 때때로 정반대의 상황이 연출되기도 한다. 상황은 어려워져만 가는데, 그 어려움을 직면하는 것이 보통 힘든 일이 아닌데, 응답은 지연된다. 하나님으로부터 들려온 것은 고요한 침묵뿐이다. 만일 당신이 이러한 상황 속에 있다면 하나님께서는 당신에게 낙심하지 않을 것을 요구하실 것이다. 또한 경주를 완주할 것을 명령하실 것이다. 우리는 선한 싸움을 싸워야 한다. 그러므로 입지를 견고히 하라. 정진하라. 문제를 돌파하라. 우리 부부가 하나님이 살아 계신 것과 그분을 열심히 찾는 모든 사람에게 그분은 "상주시는 이심"(히 11:6 참조)을 깨닫게 된 것은 바로 이때였다.

그렇다고 해서 쉽게 다가오는 하나님의 자원을 의지하고, 어려운 순간에는 자신의 자원을 의지하여 살아가야 한다는 뜻은 아니다. 이것은 전혀 진리가 아니다. 물론 우리가 우리에게 주어진 임무를 다해야 하는 것은 맞지만, 우리는 결코 혼자가 아니다. 바울은 다음의 말로 이 사실을 설명했다. "이를 위하여 나도 내 속에서 능력으로 역사하시는 이의 역사를 따라 힘을 다하여 수고하노라"(골 1:29). 우리 부부는 참으로 많은 것이 요구되는 여정을 지났다. 하지만 곧 주님의 능력으로 가득한, 깊은 저수지를 발견할 참이었다. 우리가 예상한 것보다 더 깊은 능력을 만나게 될 예정이었다.

2차 키모테라피 이후의 삶은 몽롱함의 연속이었다. 내 몸은 혈소판 수혈에 극한 거부반응을 보였다. 고열로 인한 일시적 정신 착란 증세도 있었다. 해열 담요에 누워 수많은 시간을 보냈다. 몸은 뜨겁게 달아올랐지만 추위에 덜덜 떨어야 했다. 추위를 호소하면 간호사들은 이불을 덮어주었다가 나중에 이불을 걷어냈다. 이처럼 반복되는 과정 중에 휴식은 없었다. 극소량의 음식만 섭취했다. 식욕이 모두 사라졌기 때문이다-심지어 중국 음식도, 라이스 크리스피도 삼키기 힘들었다!

셰리와 아이들, 그리고 여러 다른 가족과 친구들이 병실을 방문했다. 하지만 나는 반쯤은 정신이 나간 상태였기에 그들이 왔다는 사실조차 가물가물했다. 집중하고자 했으나 너무나 힘겨웠다. 약해질 대로 약해진 몸속으로 폐렴균까지 침투했다. 내가 할 수 있는 일이라고는 자리에 눕는 것, 기다리는 것, 그리고 신뢰하는 것뿐이었다.

이러한 순간에도 주님의 임재는 수차례의 파도처럼 나를 향해 밀려들었다. 때때로 어떤 파도는 여느 파도보다 훨씬 더 강력했다. 나는 나와 함께하시는 주님의 임재를 체험하고 있었다. 주님과 많은 대화를 나누지는 못했다. 단지 편안한 마음으로 주님의 음성을 들었을 뿐이다. 이와 같은 때를 위해 주님의 말씀을 마음속 깊은 곳에 간직해두는 것이 얼마나 중요한지 깨닫게 되었다. 예수님께서 이야기하신 열 처녀의 비유를 떠올려보았다(마 25:1-3 참조). 그중 다섯 명은 등잔 한가득 기름을 채우고 여분의 기름을 따로 준비했다. 또 다른 다섯 처녀는 등잔에만 기름을 채웠다. 등잔의 기름이 닳아 없어졌을 때 기름을 살 시간적 여유가 많다고 생각했던 모양이다. 참으로 '부주의한 믿음'이었다. 아무런 예고 없이 정해진 시간이 도래하자 여분의 기름을 준비한 처녀는 어둠을 환히 밝히며 '잔치 시간' 속으로 들어갔다. 하지만 또 다른 다섯 처녀는 지난날 충분히 예비할 수 있었음에도 늑장을 부린 탓에 갖은 소란을 피웠다. 그들은 더 이상 시간적 여유가 없음을 깨닫게 되었다-뒤늦게야 깨달았다. 그들은 준비되지 않았다.

내 병실에서 숨 쉬는 것조차 힘들어졌을 때, 나는 지난날 동안 준비해둔 기름병의 뚜껑을 열었다. 힘에 부쳐 성경을 펼치지도, 테이프를 틀어 성경 낭독을 듣지도, 또 찬양을 흥얼거리지도 못했지만, 숲 속 생물이 야밤에 그 형체를 드러내듯이 그분의 말씀과 생각과 노래와 간증들이 내 영혼을 달래며 마음속에 아련히 떠오르기 시작했다. 진정 "새롭게 되는 날이 주 앞으로부터 이르렀다"(행 3:19 참조).

이후 모든 것이 변했다. 고열, 매스꺼움, 오한, 호흡 곤란 증세-이 모든 것이 나를 떠났다. 마치 통신 판매 직원이 "관심 없습니다"라는 고객의 말을 마음 깊이 이해하고 결국에는 통화를 종료하듯이 모든 증상이 내게서 떠나간 것이다. 안도했다. 하지만 지쳤다.

마지막 키모테라피를 앞두고 병원에서는 며칠간 집에 다녀올 것을 허락했다. 집에 도착하여 옷가방을 겨우 풀었는데 얼마 안 있어 다시 꾸려야 했다.

며칠 후 나는 병원으로 돌아왔다. 볼링 핀이 된 기분이었다. 다음 회에 한 번 더 얻어맞기 위해 쓰러진 볼링 핀은 다시 일어나야 한다. 그쯤 되니 치료 일정이 어떻게 돌아가는지 머릿속으로 꿰차게 되었다. 다양한 색상의 약품 주머니에서 화학물질을 공급받은 뒤, 몇 차례의 수혈이 이어질 것이다. 그리고 또다시 귀가 조치.

세상에⋯ 얼마나 행복(?)한 생각인가! 참으로 뚜렷한 미래가 아닌가?

병원에서 보낸 수개월의 시간이 마치 몇 년처럼 느껴졌다. 내 아내가 얼마나 그리웠던지, 내 아이들이, 내 교회가 얼마나 그리웠던지⋯아 참, 내 강아지 해리도!

3차 키모테라피가 진행되던 어느 날 오후, 나는 평생 잊지 못할 '코닥의 순간'(Kodak moment)을 맞이했다(작가는 코닥 필름의 광고 문구를 인용해서 '사진을 찍었다'는 말을 익살스럽게 표현했다-역자 주). 그날은 우리 딸 베다니의 졸업 파티가 열리는 날이었다. 아이는 교회 출신의 한 청년과 함께 학교 졸업 파티에 갈 예정이었다.

"당신 놀라실 준비되었죠?" 아내 셰리가 병실 문 앞에 서서 베다니의 등장을 예고했다.

문이 열리자 공주 같은 모습의 딸아이가 찬란한 빛을 발하며 내 눈앞에 아름다운 자태를 뽐냈다. 예쁘게 단장한 머리, 화사한 색조 화장, 여러 층으로 굽이진 머릿결이 한데 어우러져 아름다운 화음을 발하였다. 아이의 눈은 예쁜 드레스와 조화를 이루며 반짝반짝 빛나고 있었다. 형광등 불빛 아래, 베다니는 빛나고 있었다.

"아빠랑 첫 번째 춤을 추고 싶었어요." 아이가 말했다. "절 울리진 마세요. 화장이 다 번지니까요."

나는 마틸다와 왈츠를 추며 베다니에게로 걸어갔다. 그리고 베다니와 나, 그 사이에 낀 마틸다까지 우리 모두는 하나가 되어 춤을 추었다. 사실 춤이라기보다 서로 껴안고 흔드는 정도였다. 나는 조 카커(Joe Cocker)의 노래 'You Are So Beautiful'을 나직한 목소리로 흥얼거렸다. 전에는 이처럼 무거운 내용의 노래였는지 몰랐다. 가사 한마디 한마디가 '사실' 그대로 다가왔다. 순간, 시간은 우리를 과거로 되돌려놓았다. 나는 세 살배기 어린 딸 베다니의 손을 붙들고, 베다니는 내 발등을 밟고, 그렇게 우리는 신데렐라의 무도회에서 걸음마 춤을 추고 있었다.

3차 키모테라피가 끝난 후 수차례에 걸쳐 혈소판 수혈을 받았다. 내 몸은 전보다 더 깊은 수렁으로 내동댕이쳐졌다. 방어 태세를 제대로 갖추지 못한 면역 체계를 뚫고 각종 감염원이 침투하기 시작했다. 전례 없이 높이 올라간 체열 때문에 나는 또다시 해열 담요 신세를 져야 했다. 숨소리가 거칠어졌다. 의사는 호흡을 돕기 위해 산소 튜브를 인중 부근에 장착시켰다. 체온이 40도 5분을 가리켰다. 그리고 기절해버렸다.

눈을 떠보니 로즈마리와 셰리가 침대 곁에 서 있었다. 로즈마리의 얼굴에 수심이 가득했다. 그녀는 셰리의 손을 꼭 움켜잡고 말했다.

"어떡하죠? 이 증상은…"

셰리는 친구와 가족에게 이 사실을 알리려는 듯 병실 밖으로 나갔다. 삽시간에 기도의 용사들이 전쟁에 투입되었다. 나중에 들었는데, 셰리가 병실 밖을 나간 동안 잠시, 내 숨이 끊어졌다고 했다. 의료진들은 나를 살리기 위해 고군분투했다. 그들은 내가 숨을 거두었다고 생각했다.

하지만 아직도 이 모든 일이 흐릿할 뿐이다.

내 몸이 느껴지지 않았다. 나는 주님 앞에 서 있었다. 주님의 임재 앞에 서 있는 내 모습만이 기억이 난다. 주님의 모습은 반투명의 구름에 가려져 흐릿하게 보였다. 구름이 내 시야를 가렸기 때문에 주님의 얼굴을 선명하게 보지는 못했다. 하지만 내 마음은 그분을 보려는 갈망으로 가득했다. 나는 주님 곁에 머물고 싶었다. 내가 경험했던 가장 강렬한 갈망이었다. 자석이 끌어당기는 힘보다 더 큰 인력(引力)을 느꼈다. 그분의 임재가 너무도 강렬하고 매력적이었기 때문에 내 안에 있는 모든 것이 그분에게로 빨려갈 것만 같앉다. 그처럼 평안한 안식은 경험해보지 못했다. 시간의 제한 없는 기쁨 속에서 나는 주님과 오랫동안 머물렀다.

그런데 갑자기 시커먼 커튼이 하늘에서 뚝 떨어져 내 시야를 완전히 가려버렸다. 더 이상 주님이 보이지 않았다.

아주 천천히 눈을 떠보았다. 몽롱한 기운이 가시면서 내 눈 앞에 셰리의 얼굴 윤곽이 드러나기 시작했다. 방 안에는 나와 셰리뿐이었다. 수 시간이 흘렀다고 했다. 창밖으로는 이미 저녁 해가 지고 있었다.

셰리는 탈진되어 보였다. 이내 눈물을 글썽이며 방금 전에 겪은 참담함을 이야기해주었다.

간호사들이 병실로 몰려들었고, 내 몸에 연결된 의료 기계에서 불길한 경고음이 울리자 희미해지는 심장 박동을 되살리기 위해 의료진들이 급하게 투입되었다.

하지만 모든 것이 정상으로 회복되었다.

"당신을 잃는 줄 알았어요."

셰리는 훌쩍이며 내 손을 붙잡았다. 우리는 꽤나 오랫동안 서로를 부둥켜안고 있었다. 다시금 아내를 품에 안아보다니! 무척 행복했다. 그 순간만큼은 항균 박테리아 가운도, 항균 마스크도 없었다. 나를 만지지 말라는 사전 경고도 없었다. 우리 둘은 그렇게 서로를 안았다. 나는 그동안 내가 어디에 갔었는지 셰리에게 말해주었다.

"본향으로 돌아가 주님과 머무는 것이 얼마나 아름다운 일인지 모른다오."

물론 내가 보았던 모든 것을 제대로 묘사할 수는 없었다. 그래도 나는 최선을 다해 설명했다.

"하지만 이 땅에 좀 더 발붙여야 하겠는걸?" 이 말에 셰리가 미소를 지어 보였다.

"나 좀 일어나게 도와줘요, 여보." 침대에서 일어나고 싶은 충동이 갑작스럽게 일었다.

"네? 안 돼요! 당신은 거의 죽을 뻔했다고요. 절대 안 돼요."

"잠깐이면 돼요. 여보." 간청하다시피 했다. "여기 침대 팔걸이 좀 내려줘요."

원치 않는 듯 주저하면서 셰리는 내 계획에 동참했다. "도대체 왜 이러시는데요?" 셰리는 침대 옆 팔걸이를 내리면서 마지막으로 물었다.

"일어나야 할 것 같아서요." 나는 이렇게 설명했다. "지금 내 영혼을 계속 울리는 한마디 말씀이 있거든요. 예수님께서 말씀하셨어요. '일어나라!' 라고."

부들부들 떨리는 다리, 흐릿한 눈. 나는 가까스로 일어나 방 한가운데로 천천히 걸어갔다. 그곳에 우리가-한편에는 셰리가, 다른 한편에는 마틸다가-서 있었다.

우리는 그렇게 서 있었다.

나는 입을 열어 우리에게 주신 하나님의 말씀을 선포하기 시작했다. 셰리도 동참했다. 지금까지 우리에게 허락하신 하나님의 모든 약속을 하나하나 되짚어가며 큰 소리로 선포했다.

"나는 죽지 않을 것이다. 나는 살 것이다. 그리고 주께서 행하신 모든 일을 선포하리라! 재난이 다시 일어나지 아니하리라! 하나님께서 우리로 하여금 이 어두운 복도를 통과하게 하신다. 이 복도의 끝에 다다르면 우리는 새 힘을 얻을 것이다! 그 힘으로 다른 사람들을 강건케 할 것이다! 이 고통의 골짜기에 하나님은 소망의 문을 열어두셨다!"

이렇게 선포하고 난 후, 나는 다시 침대로 걸어갔다. 셰리는 나를 침대에 눕혔다. 이불을 덮어주면서 그녀는 얼굴 표정으로 말했다:

"또다시 이러시면 곤란해요. 무서웠다고요!"

나 역시 미소를 지으며 표정으로 대답했다. "안 그러도록 노력해보리다."

셰리가 병실 문을 나서는 것을 보고 나서 베개에 머리를 푹 파묻었다. 살아 있음에 감사했다.

소망을 적는 나만의 일기장

너희는 귀를 기울이고 내게로 나아와 들으라 그리하면 너희의 영혼이 살리라(사 55:3)

주님은 최고의 '소통가'(communicator)이시다. 그분은 당신을 향해 하실 말씀이 많다. 가능한 모든 방법을 동원하여 우리에게 매일같이 말씀하신다. 순간순간 지나쳐버리는 생각, 환상, 시기적절한 꿈, 친구의 말, 초자연적인 계시로 충만한 사건들 등 이 모든 방법으로 우리에게 말씀하신다. 주님의 말씀은 우리의 영혼에 생명을, 우리의 마음에 소망을 안겨준다.

✿ 최근에 하나님께서 당신에게 하신 말씀은 무엇인가?

9장 고통(재난)을 지나다

하나님의 말씀은 변화를 불러일으킨다. 태초에 하나님께서 "빛이 있으라"(창 1:3) 선포하셨을 때 어둠은 빛 앞에서 사라져야 했다. "그가 그의 말씀을 보내어 그들을 고치시고"(시 107:20). 예수님께서는 "말씀으로 귀신들을 쫓아 내시고 병든 자들을 다 고치"(마 8:16)셨다.

✥ 지금 하나님의 말씀이 당신의 삶에 어떤 영향을 미치고 있는가?

10장
나를 두른 방패

너를 치려고 제조된 모든 연장이 쓸모가 없을 것이라(사 54:17a)

3일 후의 일이다. 복부에 심한 통증을 느껴 한밤중에 잠에서 깨어났다. 그간 입맛이 회복되어 저녁에 브로콜리를 상당량 섭취했는데 그것 때문에 탈이 난 모양이었다. 참으로 오랜만에 음식답게 먹었는데 이렇게 탈이 나다니! 아랫배의 통증이어서 나는 단지 저녁 식사 때문이라고 생각했다.

고등학교 시절에 육상부 선생님은 소화불량 등으로 배가 아플 때 통증을 가라앉히는 최고의 방법은 '자전거 운동'이라고 가르쳐 주었다—누운 상태에서 목과 어깨를 들어 올리고 두 발은 자전거 페달을 밟듯이 허공에 대고 마구 구르는 운동 말이다. 선생님의 말씀이 기억나서 한번 시도해보았다. 병실 침대와 유명 디자이너 작 환자복은 자전거 운동에 적합하지 않았다. 하지만 계속 시도했다.

병실에는 나 혼자 있었는데 그 순간만큼은 간호사가 들어오지 않기를 간절히 바랐다.

자전거 운동으로 별 다른 효과를 보지는 못했다. 그래서 복도 걷기 운동으로 갈아탔다—아침마다 느릿한 걸음으로 복도를 산책하는 노인들에게나 적합한 운동 같았다. 때는 바야흐로 새벽 네시. 안내 데스크에 앉아 있는 간호사들은 새벽부터 내가 웬 소란을 피우나 하며 의아해했다. 그들에게 상황을 자세히 설명해주었다(나는 간호사들이 좋다. 복부 가스 및 방귀에 대한 화제를 스스럼없이, 아주 자유로이 나눌 수 있어서 편했다).

아침의 서광이 창문을 통해 내 병실로 들어왔다. 복부의 통증은 점점 심해졌다. 몇 시간 후, 참지 못할 정도가 되었다. 의사 한 명이 나를 진찰하더니 살짝 얼굴을 찌푸렸다. 무언가가 잘못된 모양이었다. 엑스레이를 몇 차례 연속으로 찍었다. 그들이 상정했던 최악의 시나리오가 현실이 된 순간이었다.

간밤에 맹장이 터졌다. 그게 큰 문제인가?

수술을 받을 수 없는 내게는 큰 문제였다.

키모테라피 치료는 누적된다. 매회 새로운 치료의 효과는 이전 회차의 치료 결과 위에 덧대어진다. 그러므로 7일간의 3차 키모테라피 기간 동안 나는 마치 3회에 걸친 치료 과정 전체를 한꺼번에 받은 것과 같았다.

그 즈음 백혈구는 고갈되었다. 백혈구의 부재로 감염원과의 싸움 능력은 현저히 저하되었다. 심지어 혈소판 수치도 낮았다. 상처가 날 경우 출혈은 쉽게 멈추지 않을 것이 뻔했다. 그러므로 이러한 상황에서, 어떠한 형태든지 수술은 결코 선택 사항이 될 수 없었다. 쉽게 말하자면 어떠한 수술을 시행하든지 살아날 확률은 제로였다. 백혈구가 고갈되었기에 내 몸에 외과용 메스가 들어오는 순간 상처는 급속도로 병균에 감염될 것이다. 또 혈소판 수치가 낮았기에 상처에서 흐르는 피는 멈추지 않을 것이다. 그렇게 수술대 위에서 끊임없이 피를 흘리며 최후를 맞이할 수밖에 없었다. 그렇다고 수술을 하지 않는 것도 문제였다. 충수에서 터져 나온 독성 물질이 내장 기관에 치명타를 날릴 것이기 때문이다.

그 즉시 의사는 셰리를 호출했다. 당시에 아내는 아이의 축구 경기를 관람하고 있었다. 아마 아들을 열심히 응원하던 중 의사에게 호출을 받았을 것이다. 의사는 즉시 병원으로 올 것을 권했다. 그리고 이번이 남편의 살아 있는 모습을 볼 수 있는 마지막 기회일지도 모른다고 말했다.

롤러코스터와 같은 여정이 4개월 넘도록 이어졌기 때문에 셰리는 이미 감정적으로 탈진된 상태였다. "경기가 끝나면 우리 아이들 좀 집에 데려다줄 수 있어요?" 친구에게 아이들을 맡긴 후 셰리는 아직 실체가 드러나지 않은 사건, 그 혼돈의 시작과 끝을 알아내기 위해 병원으로 향했다. 아이들이 걱정할까 봐 "몇 가지 확인할 게 있어서 병원에 가야 하거든요"라는 핑계도 잊지 않았다.

병원에 도착하자 그녀를 호출했던 내과 의사가 셰리를 붙들고 이야기를 시작했다.

"헤스 부인, 지금 제 마음이 무척 아픕니다. 부군께서는 정말 멋진 분이신데, 이렇게 잃고 싶지 않습니다."

의료진 모두가 나를 포기했지만 내과 의사 중 한 명은 나를 포기하지 않았다. 대신 그는 대안 하나를 제안했는데, 뱃속에 튜브를 삽관하여 충수액을 뽑아내는 방법이었다. 이후 그 의사는 수술할 용의가 있는 동료 외과 의사를 찾아 삽관술을 진행하고자 했다. 하지만 이 방법도 어렵기는 마찬가지였다. 혈소판 수혈을 충분히 받아야 수술이 가능했다.

물론 선택의 여지는 없었다. 우리는 그 방법을 강구할 수밖에 없었다. 그래서 나는 또다시 혈소판 수혈을 받았다. 수혈이 끝난 후에는 수술실로 직행했다. 수술은 마취 없이 진행되었다. 수술 과정의 세부 사항을 이곳에 일일이 다 기록하기는 어렵다. 간단히 표현하자면, "그처럼 고통스러운 경험은 없었다." 그뿐만 아니라 혈소판 수혈로 인해 내 몸은 또다시 극렬한 거부반응을 보였다. 엄청난 고통과 높은 체열이 한데 어우러져 내 몸을 내동댕이쳤다. 나는 수술대 위에서 그만 기절하고 말았다. 언제, 어디서 깨어날지 모를 상황이었다.

그동안 기도의 용사들이 교회에 모여 내가 치르는 이 치열한 싸움에 동참했다. 셰리는 그들에게 시시각각 전화하여 전개되는 상황을 알려주었다. 몇몇 성도는 병원으로 와서 셰리 곁을 지켜주었다.

몇 시간 후, 튜브 삽관술은 끝났고 나는 다시 병실로 이송되었다. 몇 차례 시도 끝에 튜브가 성공적으로 삽관되었노라고 간호사 한 명이 설명해주었다. "이 튜브는 체내 유독 충수액량을 조절해줄 겁니다. 하지만 손상된 충수를 회복시켜주지는 않아요. 충수 제거 수술을 따로 받아야 합니다."

그때쯤 이 모든 시련을 견디고 있는 우리에게 가장 큰 충격이 될 만한 소식 하나가 전달되었다.

"선생님의 혈액 수치가 수술을 받을 만한 상태가 되기까지 적어도 몇 주가 걸릴 것 같습니다." 의사는 오랫동안 목에 걸려 있던 말을 내뱉듯이 침착하게 말을 이었다.

"하지만 우리에게는 그 정도의 시간이 없습니다. 통계 자료에 의하면 충수가 파열된 상태로 오랫동안 버티는 것은 불가능합니다. 며칠 이상 생명을 유지했던 성인은 단 한 명도 없었습니다. 물론 영국에서 두 명의 어린 남자 아이가 몇 주 동안 살았던 자료는 있습니다. 하지만 그들은 충수 제거 수술을 받을 때까지 엄청난 양의 항생제를 투여받았기에 그렇게 연명할 수 있었습니다. 저희는 선생님께 항생제를 투여하겠습니다만, 제 예측으로는 2~3일을 넘기기 힘들 것 같습니다. 그때까지 편안하게 해드리는 것밖에는 저희가 할 수 있는 일이…"

그는 더 이상 아무 말도 하지 않았다. 그저 우리 부부를 차례로 안아주었다. 그리고는 병실 밖으로 나갔다.

하지만 우리 부부는 낙담하지 않았다. 소망의 문으로 걸어 들어갔다.

다음 날 아침, 또 다른 내과 의사가 병실을 찾았다. 그는 천천히 문을 닫고는 가만히 서 있었다. 무언가 할 말이 있는 것 같았다. 잠시 후, 할 말을 생각해낸 것이 분명해 보였지만 자신이 생각한 말을 어떻게 전해야 할지 잘 모르겠다는 표정을 지었다.

그는 내 침대 곁으로 오더니 손에 들고 있던 의료 기록 차트를 앉은뱅이 탁자 위에 던졌다. 거의 내팽개치듯이 던져놓았다.

"헤스 씨…" 그는 잠시 말을 멈추었다.

"저희는 할 수 있는 모든 것을 다 했습니다. 더 이상 해드릴 것은 없습니다."

예전에도 그의 얼굴에서 긴박함을 보긴 했지만, 그때만큼 긴박한 표정은 아니었다. 그는 내게 충고했다.

"선생님의 하나님께 기도하십시오. '선생님의' 하나님께 기도하십시오. 그분이 유일한 소망입니다."

일전에 그 의사와 대화한 적이 있었는데 그는 다원주의적인 구원론을 갖고 있었다. 예수 그리스도 이외에도 하나님께 도달할 수 있는 길은 많다고 생각했다. 하지만 지금 그의 생각은 흔들리고 있었다.

전에 나누었던 대화가 생각나서 그에게 부드러운 목소리로 물어보았다.

"누가 제 하나님이란 겁니까? 그분의 이름이 무엇입니까?"

이 질문에 그는 몸을 곧게 세우고 조금의 주저함도 없이 대답했다.

"그분의 이름은 예수 그리스도입니다. 수년간 의료계에 몸담아 왔습니다. 저는 사람들이 그분의 이름을 부를 때 기적이 일어나는 것을 목격해왔습니다."

그 자리에서 나는 그와 함께 예수님의 이름을 불렀다.

문득 충수가 터지기 2주 전에 일어났던 사건 하나가 머리에 떠올랐다. 어느 날 오후 해리스버그 라이프 센터 미니스트리즈(Life Center Ministries)의 담당 목회자 부부인 찰스 스톡과 앤 스톡이 잠시 병실에 들렀다. 그들은 그들의 친구 랜디 클락과 같이 왔는데 그는 '토론토 블레싱'에서 중요한 역할을 담당했던 빈야드 계열의 목사였다. 셰리와 나는 한 번도 그를 만나본 적이 없었다. 하지만 우리는 그의 상냥한 태도와 흔들리지 않는 믿음에 반해버렸다. 온화한 미소를 지으며 랜디 목사는 최근 예수님께서 행하신 놀라운 기적들을 우리에게 들려주었다. 각각의 이야기를 들을 때마다 내 마음속의 믿음은 점점 커져갔다. 그리고 잠시 후, 병문안 왔던 '삼총사'는 나를 위해 기도해주었다. 간단한 기도였다. 하지만 그들이 예수님의 이름을 높이고 그분이 행하신 놀라운 일들을 찬양했을 때 그들의 열정 어린 부르짖음이 병실을 가득 채웠다. 갑자기 내 이마 한가운데가 뜨거워지는 것 같았다. 매우 뜨거웠다. 고통스러울 정도로 뜨거웠다. 이마의 뜨거운 열기는 계속되었다. 삽시간에 그 열기는 마치 소용돌이치듯, 욱신거리며 온몸으로 퍼져 나갔다.

기도의 열기가 잠잠해질 즈음 랜디는 내 몸에 어떤 변화가 생겼는지를 물었다. 나는 이마에 불 같은 것이 느껴졌다고 대답했다.

그러자 랜디는 다양한 예를 들며 각종 혈액 질병과 암으로부터 치유받은 사람들이 나와 비슷한 체험을 했다고 밝혔다. 우리는 주님께서 내 몸에 행하신 일에 대해 다시 한 번 감사드렸다. 그리고 계속해서 기도했다.

이마에 붙은 불은 서서히 식어갔다. 랜디는 지면으로부터 약 1피트 정도 높이로 자신의 팔을 들어 내 복부 위 허공으로 옮긴 뒤, 손을 펼쳤다. 그리고 겸손한 말투로 이렇게 말했다.

"왜 제가 선생님의 복부 부위를 위해 기도하는지, 솔직히 잘 모르겠습니다. 그런데 지금 주님께서 선생님의 복부를 치유하고 계신 것 같습니다."

당시에 나는 복부에 아무런 통증을 느끼지 못했다. 충수가 터지기 2주 전이었으니까 말이다. 하지만 주님의 인도하심에 따라 그는 계속 기도했다.

그리고 2주의 시간이 흘렀다. 내 복부에 심각한 위기가 찾아왔다. 그때 랜디 목사의 기도가 생각났다. 그는 왜 나의 복부 치유를 위해 기도하는지 이해할 수 없노라고 말했다. 하지만 믿음 가운데에 랜디는 기도했다. 하나님 아버지께서 재촉하시는 대로 위험을 감수하며 그렇게 기도했다. 멀쩡한 복부에 병이 있다고 선포한 셈이었으니, 이는 사역자에게 위험한 일이지 않은가? 게다가 또 얼마나 당황스러웠겠는가? 하지만 나는 지금 그가 하나님의 재촉대로 위험을 감수하며 그렇게 기도해준 것이 얼마나 고마운지 모른다.

복부를 강타하는 통증의 소용돌이 속에서 나는 주님이 내 충수를 치유하기 위해 행하신 일들을 떠올리며 감사드렸다. 가끔씩 통증이 가라앉으면 정신을 차릴 수 있었는데, 그때마다 순종의 믿음을 삶의 모범으로 보여주었던, 랜디 같은 사람들을 만나게 해주신 것에 대해서도 감사드렸다. 나는 그의 믿음에 감명을 받았다. 그래서 남은 생애 동안은 결코 편안함의 자리에 안주하지 않으리라 다짐했다. 하나님께서는 우리가 이성(이해)에 기대어 살아가도록 창조하지 않으셨다. 온 맘을 다해 주님을 신뢰하며 살아가도록 창조하셨다! 신뢰는 주님의 나라가 서게 되는 '배경'이다. 신뢰의 기반 위에 하나님의 나라가 세워진다. 그리고 신뢰를 기반으로 한 하나님의 나라에서 우리는 마음껏 위험을 무릅쓸 수 있다-하나님의 나라는 우리가 위험을 무릅쓰기에 가장 안전한 장소다.

삽관술을 받은 후 이틀 동안 아이들과 만날 수 있었다. 우울한 분위기나 멜로드라마 같은 냄새가 풍기지 않도록 노력했다. 나는 아이들의 질문을 듣고 내가 줄 수 있는 최선의 답변을 건넸다. 이틀이 지났다. 아이들이 병실을 떠날 즈음, 나는 그들의 머리에 손을 얹고 축복해주었다. 아이들의 삶을 위해 나의 가장 깊은 열정을 쏟아 기도했다. 아이들이 자신에게 주어진 사명을 감당하고자 할 때 하늘 아버지께서 하늘 문을 여시고 모든 은사를 쏟아 부어주시기를 간구했다. 그 시간이 아이들과의 마지막 만남이라고 생각했다.

이후 셰리가 나를 위해 기도해주었다. 이 고통의 여정이 시작될 때, 아내가 나를 위해 기도해주었던 내용과 동일한 기도였다. 아내와 아이들이 떠난 후에 나는 창문 너머로 그들의 뒷모습을 바라보았다. 그들이 탄 자동차가 시야에서 사라질 때까지 나는 그들을 바라보았다.

천천히 침대에 몸을 눕혔다.

다음 날 아침, 잠에서 깨자 물때 묻은 병실의 천장 타일이 시야에 들어왔다. 몇 달 동안 매일같이 바라보았던 천장의 모습이었다. '여기가 천국인가? 아니지. 천국에는 천장 타일이 없겠지!' 그때 간호사 한 명이 내 방에 들어왔다. 인기척이 없었기에 나는 그 간호사를 보고 깜짝 놀랐다. 140센티미터 정도의 키에 화사한 얼굴, 그리고 위 아래로 흰옷을 입고 있었다. 잠시 동안이었지만 나는 겁을 먹었다. '혹시 가브리엘이 아닐까? 이보다는 더 크리라고 생각했는데…' 하지만 그곳은 천국이 아니었다. 황금 길도 없었고 거인 같은 천사도 없었다. 단지 물때 묻은 천장 타일과 키 작은 간호사뿐이었다.

과거에 우리 교회의 나이 지긋한 성도 한 분이 내게 주님의 말씀을 전해준 적이 있었다. 바로 그 아침에 그 여 성도가 전해주었던 말씀이 생각났다. 참으로 시기적절했다.

"이 말씀이 목사님께 어떤 의미로 다가갈는지는 잘 모르겠습니다. 어쨌든 제가 받은 말씀을 전해드리자면, 주님은 목사님을 보호하시는 방패이십니다. 그리고 목사님은 장차 이 사실을 깨닫게 될 겁니다. 이 말씀이 성경 어디에 있는 것 같긴 한데, 아마도 시가서 이겠죠?" 그녀는 확실한 태도로 말했다. "주님은 이 사실을 목사님께 알리기를 원하십니다."

그녀의 말을 들은 후 나는 다윗의 시편을 펼쳐 그 말씀을 찾아보았다. 다윗은 이렇게 노래했다.

여호와여 주는 나의 방패시요(시 3:3)

병실 침대에 누운 채 나는 그 구절을 큰 소리로, 수차례 읊었다. 그러자 내 영혼에 평안이 찾아왔다. 두려움은 사라졌다.

이후 두 주의 시간이 더 흘렀다. 내가 이렇게 살아 있는 것 자체가 의료진들에게는 기적과도 같았다. 나는 그들이 예상했던 속도로 '죽어가지' 않았다.

사회복지사 한 명이 찾아와 호스피스 서비스에 대해 설명해주었다. 그녀는 내 생애 마지막 나날들을 집에서 보낼 수 있으며 호스피스 봉사자들의 정성 어린 보살핌을 받으며 편안히 죽음을 맞이할 수 있을 것이라고 말했다. 호스피스 봉사자들의 이러한 헌신을 생각하니 고마운 마음이 들었다. '매우 멋진 사랑의 봉사가 아닌가?' 하지만 나는 아직 그들의 도움을 받을 만한 마음의 준비가 되어 있지 않았다.

죽는 것이 두려워서가 아니었다-사실 죽음은 예수님과 얼굴을 마주할 수 있는 좋은 기회다. 단지 '지금' 죽는 것을 원하지 않았다.

결국 병원으로부터 귀가 조치를 받았다. 하지만 모든 것을 포기했기 때문은 아니다. 혈액 수치가 수술 가능 수준으로 회복될 때까지 휴식을 취하기 위해서였다(그래서 호스피스 서비스는 신청하지 않았다). 물론 혈액 검사를 위해 매일같이 통원해야 했다.

다행히도 혈액 수치가 수술 가능 범위 안으로 진입했다. 의료진들은 내 몸속에서 도대체 어떤 일이 일어나고 있는지 궁금해서 내 내장을 검사했다. "도대체 왜 내가 지금까지 살아 있는 것일까?" 나 또한 궁금했다.

충수가 터진 후 6주가 지났다. 혈액 수치가 정상으로 돌아왔다. 백혈구, 적혈구, 혈소판의 수가 적절한 균형을 이루었다. 아주 건강한 상태였다.

수술을 받기 위해 외과 의사를 만났다.

"선생님의 병원 진단 기록을 살펴보았습니다. 6주 전에 충수가 파열되었더군요. 저는 지금 모험을 하고 있습니다. 수술 후 어떤 결과가 나올지 예상할 수 없기 때문입니다. 파열된 충수에서 방출된 액체는 극한 독성을 띱니다. 매우 위험하지요. 무엇보다 먼저 충수액이 내장에 어떤 피해를 입혔는지 확인해볼 필요가 있습니다."

그러나 의사의 말에 신경 쓸 겨를이 없었다. 무엇보다 살아 있다는 사실에 감사했다.

다음 날 아침에 수술을 받기로 했다. 수술대에 누워 마취의의 지시대로 숫자를 거꾸로 셌다. 잠에 빠져들 즈음 나는 주님이 주신 약속들을 기억했다. 마취의 안개 속으로 걸어가면서 주님께 외쳤다. "여호와여, 주님은 나의 방패이십니다."

마침내 수술이 끝났다.

회복실에 누워 있는데 집도의가 찾아왔다. 그의 입에서 터져 나온 첫마디는 기쁨의 탄성이었다. "이런 경우는 본 적이 없습니다!" 그는 네 장의 사진을 손에 든 채 흥분하며 설명하기 시작했다. "여기 사진들 좀 보세요."

5x7 인치의 광택 인화지에 담긴 내 내장의 모습이었다. 액자에 넣어도 좋을 만큼 아름다운 내장이었다. "여기, 이 사진을 보세요." 그는 사진 한 장을 지목하며 말했다.

"이 부위에 충수가 있습니다. 아니 엄밀히 말하면 파열되고 난 나머지 부분이에요. 그런데 놀랍게도 충수 근처에 텐트 모양의 구조물 같은 것이 생겼더라고요. 이것 좀 보세요. 그 텐트 구조물 속에 파열된 충수가 갇혀 있습니다. 충수를 무언가가 완벽하게 감싸고 있어요!" 의사는 흥분한 채 이렇게 물었다.

"혹시 이 부위 근처에 수술을 받으신 적이 있으신가요?"

"아니요. 없습니다만…" 그의 질문에 대답했다. "그런데 그건 왜 물으십니까?"

"그 텐트 구조물 같은 것이 접착물로 구성되어 있어서 그렇습니다. 그것은 몸속에 극심한 상처가 생길 때 체내 세포들이 분출해내는 물질입니다. 수술과 같은 큰 상처를 받은 후에야 이런 일이 가능하지요! 그 구조물은 충수가 터지기 훨씬 전에 생긴 것으로 보입니다. 충수가 파열되었을 때 독성을 띤 충수액은 그 구조물 안에 완전히 갇혀 있었어요."

의사는 사진에 담긴 충수 부위를 손가락으로 가리키며 큰 원을 그려서 설명해주었다.

"충수액이 한 방울도 텐트 밖으로 새어나가지 않았습니다. 선생님의 내장은 스무 살 청년의 내장처럼 건강한 상태입니다!"

'이 얼마나 기분 좋은 칭찬인가!' 나는 깜짝 놀랐다. 안심했다. 감사했다. 그리고 또 놀랐다. 갑자기 텐트 구조물이 궁금해졌다. 나는 의사에게 물었다.

"선생님께서 말씀해주신 그 텐트 구조물 말입니다. 어떻게 생겼던가요?"

"음… 사실 그 부분이 가장 재미있는데…" 의사는 호기심 가득한 표정으로 이야기했다.

"마치 실로 꿰매 연결해놓은 방패들처럼 생겼더군요."

하나님은 약속하셨던 대로, 꼭 그대로 행하셨다. 주님은 내 안에 '기적의 주머니'를 '기적적으로' 만들어놓으셨다. 방패 같은 텐트를 말이다.

나는 성경을 집어 들었다. 다시금 그 말씀이 적힌 시편을 펼쳤다. 필요한 때에 내게 주셨던 그 말씀… 지금도 나는 그 말씀에 경외감을 느낀다.

많은 사람이 나를 대적하여 말하기를 그는 하나님께 구원을 받지

못한다 하나이다 (하지만) 여호와여 주는 나의 방패시요(시 3:2-3)

"다 끝났다"라고 생각하고 모든 것을 포기하려 했을 때, 하나님께서는 새로운 시작의 문을 여셨다. 고통의 골짜기, 가장 어두운 순간에 하나님께서는 소망의 문을 여셨다.

소망을 적는 나만의 일기장

당신 안에 강력한 연속 반응이 계속되고 있다. 현재 어려운 상황을 직면하고 있겠지만 하나님께서는 당신 안에서 역사하고 계신다. 하나님 안에서 우리는 "환난 중에도 즐거워할 수 있다. 이는 환난은 인내를, 인내는 연단을, 연단은 소망을 이루는 줄 알기 때문이다"(롬 5:3-4 참조).

충격적인 사건들은 우리를 무너뜨리려 하지만 우리 하나님 아버지는 우리를 세워주신다.

✎ 지금 하나님께서 적극적으로 당신의 마음에 행하시는 일은 무엇인가?

로마서 5장 5절은 "소망이 우리를 부끄럽게 하지(실망시키지) 아니함은 우리에게 주신 성령으로 말미암아 하나님의 사랑이 우리 마음에 부은 바 됨이니"라고 선언한다.

하나님이 우리에게 주시는 인내의 선물 덕택에 실망의 순간에도 우리는 정진할 수 있다. 물론 처음에는 실망을 딛고 다시 일어나 인내하는 일이 거의 불가능해 보인다. 상황이 하나님의 약속과 정반대 방향으로 진행되는 때도 있다. 하지만 하나님께서는 인내할 수 있는 힘을 주신다.

아브라함은 큰 민족을 이루게 될 것이라는 약속을 받았다. 하지만 약속이 채 이루어지기도 전에 생식능력이 사라져버렸다. 요셉은 영향력을 행사할 수 있는 위치에 오르리라는 약속을 받았다. 그는 주께서 행하신 일들을 인정했으며 형들이 자신을 향해 '꾸벅' 절하는 환상까지 보았다. 하지만 그는 형들의 질투로 말미암아 구덩이에 던져졌다. 또한 자신을 죽일지 팔아넘길지 논의하는 형들의 모습을 접하게 되었다.

✿ 저항할 수 없는 도전 앞에서 아브라함과 요셉은 어떻게 하나님의 말씀을 붙들었는가?

내 친구 랜스 월나우(Lance Wallnau)는 인내를 가리켜 '모순된 상황을 견디도록 하나님께서 주신 능력'이라고 표현했다.

❦ 하나님의 약속과 모순되는 현실 속에서 하나님의 약속을 붙들고자 한다면, 여기에 '인내의 서약'을 적어두기 바란다.

11장
얼굴과 얼굴을 맞대고

주께서 나를 모든 악한 일에서 건져내시고
또 그의 천국에 들어가도록 구원하시리니
그에게 영광이 세세무궁토록 있을지어다 아멘(딤후 4:18)

처음 입원한 때로부터 6개월의 시간이 흘렀다. 나는 아내와 팔짱을 끼고 병원 문을 나섰다. 백혈병은 완전히 사라졌다. 파열된 충수도, 독성 강한 충수액도 없었다. 흉부에 연결되었던 튜브들도 제거되었다. 쉽게 상처를 받는 성격, 공포를 두려워하는 성향 역시 사라져버렸다. 하나님의 사랑이 내 모든 두려움을 제거했다. 후회와 상처로부터 나를 깨끗이 씻어주었다.

나는 치유받았다. 그리고 치유 과정은 계속 진행되었다.

치유된 상태가 완전히 자리 잡기까지는 꽤나 오랜 시간이 걸렸다.

마라톤을 할 수 있으리라는 확신은 들지 않았다. 심지어 동네 한 바퀴 도는 일조차 힘겨웠다. 하지만 마음으로는 이미 껑충껑충

뛰었고 또 높은 곳에 오르기도 했다.

　퇴원하는 날 아침의 찬란한 빛은 따뜻한 포옹 같았다. 그동안 익숙했던 형광등 불빛과 작별하고 새로운 햇살을 환하게 맞이했다. 내 주변에 모여든 새들은 아름다운 소리로 지저귀기 시작했다. 도로를 지나는 '반가운' 자동차 소리도 들렸다. 다음 약속 장소로 이동하려고 허둥대며 걷는 사람들의 모습도 보였다. 그동안 기억에서 잊혔던 세상 속으로 나는 되돌아왔다.

　셰리가 자동차 문을 열어줄 때까지 기다리며 나는 뒷문 쪽에 서 있었다. 잠시 뒤로 돌아 병원 쪽을 바라보았다. 간호사들, 의사들, 날마다 손자 녀석들에 대해 이야기했던 청소 아주머니들을 떠올려 보았다―누군가의 삶에 변화를 주고자 쉬지 않고 헌신하는 사람들, 하지만 감사의 표현조차 제대로 한 번 받아보지 못한 그들이었다.

　가로 세로로 잘 정렬된 병실의 창문들이 눈에 들어왔다. 각각의 창문 뒤편으로는 병실이 있을 것이고 그 병실마다 입원 환자들이 있을 것이다. 그들의 속사정이 궁금해졌다. 과연 그들과 함께 고통의 길을 동행하는 사람이 있을까? 어둠의 골짜기를 지날 때 그들을 위해 기도해줄 사람이 있을까?

　'세상의 빛'으로 부름 받은 이상, 우리는 주님이 필요한 사람들을 향해 손을 뻗어야 한다. 지금보다 더 자주, 더 나은 방법으로 그들을 도와야 한다.

　그때 그 자리에서 나는 소망의 대사(大使)가 되겠다는 다짐을 새롭게 각인했다. 주님이 필요한 세상을 향해 예수님의 모습을 나타내기(represent) 원했다. 내 삶이 그분의 생명으로 가득하기를, 그래서 내가 어디를 가든지 문자 그대로 예수님의 모습을 재생(re-prese-nt)하여 나타낼 수 있기를 바랐다. 이 땅에 하나님의 나라가 임하는 것을 보고 싶었다. 하늘에서처럼 이 땅에도 주님의 뜻이 이루어지는 것을 목도하기 원했다. 이것은 속 빈 의식(儀式)처럼 퇴색해버린, 멋들어진 시구(詩句)가 아니다. 이것은 예수님의 말씀이다. 우리에게 주신 주님의 명령이다. 우리가 그 말씀을 위해 기도하고 또 그 말씀대로 살아갈 때 주님은 영광 받으신다. 그분의 말씀을 영화롭게 하실 것이다.

그렇기 때문에 나는 이 책을 빌려 나의 이야기를 전하는 것이다. 독자들에게 소망을 주기 위해서, 독자들이 예수님의 말씀을 받도록, 또 기도하도록 하기 위해서다.

소망은 일용품도, 감정도 아니다. 소망은 그리스도의 인격 안에서 발견되는 '실체'다. 그러므로 나의 가장 큰 갈망은 '치유'가 아니었다. 나는 인격이신 '치유자'를 갈망했다.

물론 그분이 내 육체를 치유하셨다. 그러나 거기서 끝나지 않았다. 주님은 나를 그분의 품 안으로 이끄셔서 내 마음도 치유하셨다. 그분이 소망이시다. 진정, 예수님은 성육하신 소망이시다! 모든 영광과 존귀를 받기에 합당하신 분, 우리의 신뢰를 받기에 합당하신 분이시다.

"여보." 셰리가 나를 불렀다. '또 공상에 잠기셨군요' 하는 표정이었다.

나는 뒤로 돌아 운전석에 앉은 아내의 얼굴을 보았다. 5월의 햇살에 환히 빛나는 얼굴이었다. 셰리는 눈부셨다. 그리고…피곤해 보였다.

"어서 타세요. 집에 가셔야죠." 셰리가 내게 말했다.

집으로 가는 길, 그 익숙한 도로를 자동차가 달릴 때, 영화 '멋진 인생'(It's a Wonderful Life)의 한 장면이 생각났다. 익숙한 건물들이지만 주인공 조지 베일리(George Bailey)는 마치 그것들을 처음 본 양 생소해하며 베드포드 폴즈 거리를 신나게 내달렸다. 그의 모습이 떠올랐다. 그렇다! 조지 베일리가 된 기분이었다.

교회 건물을 지날 때 북받쳐 오르는 감정을 주체할 수 없었다. 나를 위해 기도해주고 또 내가 완치될 것을 믿어준 친구들이 무척 고마웠다. 그들은 나를 위해 기도하고 또 기도했다. 하지만 무엇보다 고마운 것은 그들이 '믿었다'는 것이다. 그들은 예수님의 약속을 붙들었다. 그리고 진심으로 신뢰했다.

물론 이 여정에서 나는 사람들로부터 수많은 거짓말을 듣기도 했다. 그들은 하나님께서 우리 부부를 훈계하시고자 내게 질병을 주셨노라고 말했다. 또한 더 이상 하나님께서는 기적을 일으키시지 않는다고도 했다. 그들은 예수님께서 공생애 동안 보이셨던 기적을 '예외'적인 사건이라고 설명했다. 이러한 거짓말들은 점점 그 강도가 심해졌다. 심지어 "누군가가 기적을 체험했다면 거기에 사탄이 개입되었을지도 모른다"는 말까지 나왔다.

잠시 그들의 말을 곱씹어보았다.

하나님께서 우리에게 질병을 주신다? 그리고 사탄이 기적을 베풀어 치유한다?

그렇다. 확실한 거짓말이다!

우리 부부가 체험한 기적은 유래를 찾아보기 힘든 희대의 '사건'이 아니었다. 아무리 놀라운 '기적'이라 한들 하나님께는 '평범'일 뿐이다. 주님께서는 그분을 믿는 성도들에게 기사와 표적이 일어난다고 말씀하셨다. '드문드문' 일어날 것이라고는 말씀하지 않으셨다.

내가 목사이기 때문에 특별히 치유를 받은 것도 아니다. 주님은 모든 자녀에게 좋은 선물을 약속해주셨다. 그분은 편애하시지 않는다. 손님의 발길이 끊이지 않도록 가끔씩 몇몇 손님에게 특혜를 베푸는(일부러 져주는), 그런 야바위꾼 정도로 우리 주님을 폄하하지 마라.

그리고 우리는 때때로 하나님의 마음을 변화시키려고 노력하지만 하나님은 절대 변하시는 분이 아니다. 하나님은 과거에도 그랬듯이 지금도 기적의 하나님이시다. 지금도 불가능한 일이 없으신 분이다. 하나님께 '힘든 일'이란 존재하지 않는다! 그러므로 우리는 하나님을 신뢰할 수 있고 또 그분께 소망을 둘 수 있다. 우리가 잘 속기 때문에 하나님을 믿는 것이 아니라 그분이 미쁘시기 때문에 신뢰할 수 있는 것이다.

우리 앞에 새로운 문이 활짝 열렸다. 치유의 공식을 발견한 게 아니다. 우리를 치유하시는 하늘 아버지를 발견한 것이다. 그분은 물이 바다를 덮음 같이 온 세상 사람이 자신을 알게 되기를 바라시는 아버지이시다(합 2:14 참조).

주께서 가르쳐주신 기도는 우리의 마음에 주님을 향한 새로운 신뢰를 심어준다. 예수님은 하나님의 나라가 이곳, 이 땅 위에 임하기를 바라셨다. 하늘에서처럼 땅에서도 아버지의 뜻이 이루어지기를 바라셨다! 그뿐만 아니라 우리의 마음 깊은 곳에도 하나님의 나라를 향한 갈망을 심어두셨다. 그래서 우리 역시 주님처럼, 주님의 기도처럼, 이 땅에 '하늘의 침노'가 이루어지기를 소망하게 된다!

지금도 예수님은 고통의 골짜기 한가운데에 소망의 문을 열어두신다—우리에게 이 점을 확실히 가르쳐주셨다! 다윗은 이렇게 고백했다. "주의 궁정에서의 한 날이 다른 곳에서의 천 날보다 나은즉 악인의 장막에 사는 것보다 내 하나님의 성전 문지기로 있는 것이 좋사오니"(시 84:10).

나 또한 주님의 성전 문지기로 살아가기를 원한다. 바로 그 소망의 문 앞에서….

자동차가 차고에 들어갈 때, 나는 우리 집의 정면을 바라보았다. 뜰 앞 나무며 잔디, 이 모든 것이 집을 떠나온 날 그 모습 그대로였다. 현관 기둥은 나를 향해 "페인트 칠 좀 해주세요" 하며 손짓했다. 우리 강아지 해리는 소파 뒤편에 자리를 잡고 오랜 시간 보초를 서며 적갈색 창문 너머로 나의 귀환을 고대하고 있었다.

마침내 집에 도착했다!

아이들이 학교에서 돌아오기 전에 잠시 쉬려고 침대로 기어들어 갔다. 다시금 이 낯익은 침대 위에 눕게 되다니! 이 침대에는 팔걸이가 없다. 간호사 호출 버튼도 없다. 유명 디자이너 작 나이트 가운도 없다!

아이들은 각각 서로 다른 시각에 서로 다른 스쿨버스를 타고 귀가한다. 그러므로 한 명 한 명 돌아오는 데에는 15분의 시간 간격이 있다. 예전에는 이러한 귀가 일정이 귀찮았었다. 하지만 오늘 같은 날에는 각각의 아이에게 집중할 시간적 여유가 있어 감사했다.

가장 먼저 도착한 것은 베다니였다.

비록 눈에 힘은 없었지만 나는 베다니의 얼굴을 또렷이 바라보았다. 어느덧 다 큰 처녀가 되어 있었다. 딸아이가 정말 자랑스러웠다. 베다니는 영락없는 리더다. 옳고 그름을 분명히 판단할 줄 알았다. 게다가 불의한 일을 볼 때마다 베다니의 두 눈은 항상 정의감으로 활활 타올랐다.

몇 달 전 가족과 함께 크리스마스를 준비하려고 쇼핑을 나선 적이 있다. 병원에서 처음으로 외박을 허락해주었다. 당시 키모테라피로 인해 내 머리카락은 '거의 다' 빠진 상태였다. 아니 얼굴과 머리에 난 털 '전체'가 빠졌다—심지어 속눈썹까지! 베다니는 차가운 공기에 아빠의 맨살이 노출되지 않기를 바랐던 모양이다.

"아빠의 잘생긴 머리가 도드라져 보이도록 새 모자 하나 사드릴게요."

털모자가 잔뜩 진열된 상점 옆에 가만히 서 있노라니 마치 내가 마네킹이 된 느낌이었다. 아마 그날 베다니는 진열대에 오른 모든 모자를 하나하나 내 머리에 씌웠을 것이다. 가장 잘 어울리는 모자를 찾기 위해 이것저것 가리지 않고 내 머리에 올려놓더니 본인도 내 모습이 우스웠던지 '킬킬' 거리며 웃어댔다.

그때 두 명의 여성이 우리 부녀 근처를 지나며 경멸의 눈초리로 바라보았다. 그중 한 명이 다른 한 명에게 자신의 의견을 이야기한 것 같은데, 우리 귀에까지 들릴 정도의 큰 목소리였다.

"나이 든 남자가 젊은 여자를 꾀려고 머리를 삭발하는 건 너무 역겹지 않니?"

순간 베다니의 '정의' 스위치가 발동했다. 나는 내게 남은, 얼마 되지 않은 힘으로라도 딸아이를 말려야 했다. 그렇지 않으면 곧 두 여인네가 서로의 머리끄덩이를 붙잡고 늘어지는 한판 싸움이 '찐하게' 펼쳐질지도 몰랐다. 싸움이 벌어지면 연말 시즌 동안 가뜩이나 바쁜 쇼핑몰 경비원에게 큰 신세를 져야 하지 않는가?

이러한 정의의 여인이 바로 내 딸 베다니다!

베다니는 미소를 지으며 내 기분이 어떤지 물었다. 그리고 힘껏 나를 안아주었다. 이미 아이의 눈에는 눈물이 고여 있었다. "아빠, 힘내세요. 다 괜찮아질 거예요." 확신에 찬 목소리로 베다니는 내 귀에 속삭였다.

이후 둘째, 벤이 집으로 돌아왔다.

벤과 나는 우리 집에서 가장 말수가 적은 가족 구성원이다. 부끄러움을 타기 때문은 아니다. 다만 우리 둘 다 말하기보다 듣는 것을 더 좋아할 뿐이다. 나머지 세 명은 말하는 것을 좋아하기 때문에 참으로 환상적인 조합이라고 생각한다.

지난 6개월 동안, 우리 가족 중 나를 가장 염려해준 아이는 벤이었다. 아이는 부쩍 성장했다. 그리고 성숙했다. 이 어려운 상황에 나름대로 대처해나갔다. 물론 우리 부부는 단 한 번도 벤에게 "네가 책임져야 해"라는 말을 한 적이 없었다. 그런 뉘앙스도 준 적 없었다.

나의 부재로 인해 가족을 '가족'답게 유지하는 책임은 고스란히 셰리의 몫이 되었다. 셰리는 이를 위해 고군분투했다. 그런데 벤역시 나름대로 최선을 다했다. 내가 없는 동안 이 집안의 '남자'가 되기 위해 벤은 노력했다.

베다니와 브랜든은 이 역경을 지나면서 불평도 하고 원망도 하는 등, 자기 자신을 표출해왔다. 말로만 한 것이 아니라 감정으로도 그렇게 불만을 표했다.

하지만 벤은 그렇게 하지 않았다.

대문이 열리는 소리가 들린 후 아빠를 향한 긍휼의 목소리, 조용한 벤의 목소리가 들렸다.

"아빠, 집에 오셨어요?"

"지금 침실에 계셔." 셰리가 조용히 속삭였다. "아마 주무시고 계실거야."

잠시 후, 아주 천천히 침실 문이 열렸다. 벤은 그 틈새로 내가 잠든 모습을 보려고 했나 보다. 순간 벤의 눈과 나의 눈이 마주쳤다. 그러자 벤은 곧장 내 침대로 달려들었다. 그리고 내 팔과 가슴 사이에 자신의 얼굴을 묻었다. 댐이 터지듯, 아이의 눈에서 눈물이 쏟아졌다. 아이는 이내 큰 소리로 흐느끼며 몸을 떨기 시작했다. 벤의 심장에서부터 깊은 진동이 울려왔다. 다시는 나를 떠나보내지 않으려는 듯, 두 팔로는 나를 꼭 안았다. 가끔씩 고개를 들어 내 얼굴을 찬찬히 살피던 벤은 눈물로 붉어진 그의 큰 두 눈으로 나를 보며 단순한 한마디 말을 뱉었다. "아빠."

그 사이 브랜든이 도착했다.

침실 문 앞에서 셰리가 브랜든에게 조용한 목소리로 무언가 말하는 것 같았다. 그 내용은 알 수 없었다. 물론 알 필요도 없었다. 나는 그녀를 무척이나 잘 알고 있었기에… 아마도 "얘야, 벤 형이 아빠랑 좀 더 시간을 보낼 수 있게 하자" 정도였을 것이다. 그리고 브랜든은 고개를 끄덕이며 기꺼이 엄마의 제안을 받아들였을 것이다.

"아들아. 보고 싶었단다. 벤, 정말 보고 싶었어!" 아이의 머리를 쓰다듬으며 나 역시 벤과 함께 울었다.

"저도요, 아빠." 가까스로 이 두 단어를 말한 후, 벤은 목 놓아 울었다.

지금 돌이켜보건대, 그 6개월은 우리 안에 있는 모든 것이 테스트되는 시간이 아니었나 싶다. 고통을 참아내는 능력, 우리의 사랑과 인내, 특히 하나님을 신뢰하고 그분께 소망을 두는 능력이 6개월간의 시험대에 오른 것이다.

사실 이처럼 어려운 시기가 찾아올 때마다 우리를 '미치게' 만드는 질문이 하나 있다. 어떠한 답변을 들어도 만족할 줄 모르고 끊임없이 올라오는 질문이다. "왜?", "왜 내게 이런 일이?"

부모의 인내심을 극한으로 몰고 가는 어린아이의 질문처럼, 우리 역시 그 동일한 질문을 반복한다. "왜?", "그런데 왜?"

비록 하나님을 명시적으로 언급하지는 않지만, 이 질문의 대상은 하나님이다. 우리는 궁극적으로 하나님을 향해 이 질문을 던진다.

내가 간증을 전하는 동안, 어떤 사람은 나의 치유 사건을 하나님의 불공평한 처사로 여기며 몹시 괴로워할 것이다. 나는 우리의 신뢰를 받으시기에 합당하신 하나님, 그 하나님을 신뢰하도록 독자들을 격려하기 위해 이 글을 쓴다. 하지만 누군가는 이 동일한 하나님으로 인해 실망할 것이다.

나는 치유받았다. 어떤 사람은 치유받지 못했다. 내 친구들이 나를 위해 기도했던 것처럼 다른 사람들도 자신의 친구(가족)를 위해 끈질기게, 진심으로, 열정적으로 기도했을 것이다. 하지만 그들의 요청은 거절되고 소망은 산산조각 났다. 또다시 질문하게 된다. "왜?", "도대체 왜?"

솔로몬은 말했다. "마음이 상한 자에게 노래하는 것은 추운 날에 옷을 벗음 같고…"(잠 25:20). 내가 찬양의 노래를 불렀기에 이미 상할 대로 상한 마음에 더 큰 짐을 부과했을지도 모른다. 하지만 이것은 내가 의도한 바가 아니다.

　물론 때때로 "왜?"라는 질문은 우리에게 필요한 해답의 실마리를 제공해주는 출입문이 되기도 한다. 하지만 멈추지 않는 "왜?"는 불신의 길로 안내하는 출입문이 될 것이다. 그러면 소망의 문은 닫히고 만다.

　이 땅을 사는 동안 우리의 모든 "왜?"가 다 해답을 얻지는 못한다. 이는 천국에서야 가능한 일이다. 하지만 이것을 기억하라. 의구심을 해결해줄 만족스러운 설명보다 우리에게 더더욱 필요한 것은 우리 영혼을 만족시키시는 하나님의 임재다.

　우리에게는 하나님이 필요하다.

　하나님은 수천 마디의 말보다 더 깊이 우리의 마음을 만져주신다. 하나님의 임재는 수백 마디의 설명보다 더 큰 위안을 준다. 하나님을 끌어안을 때 우리의 마음은 만족을 얻는다. 치유된다. 그리고 마음속 깊은 갈증이 해소된다.

　다윗 왕은 밧세바에게서 낳은 아들이 병들어 죽어갈 때 큰 소리로 울었다. 그는 며칠 동안을 깊은 슬픔에 잠긴 채로 울었다. 그러다 아들이 죽었다는 소식을 듣자 얼굴을 씻었다. 하나님의 품에 안겨 찬양하고 예배했다. 그에게는 컨퍼런스도 위로 예배도 필요 없었다. 오직 하나님과의 만남이 필요했다.

　여기 내 침대 위에, 벤이 나를 안고 있다. 그에게는 암의 원인이나 치유에 대한 과학적인 설명이 필요치 않다. 벤에게는 아빠가 필요했다. 우리에게도 마찬가지다. 우리에게는 하늘 아버지가 필요하다.

 벤이 내 곁에 누워 있는 동안 브랜든이 방 안으로 들어왔다. 이 아홉 살배기 건강한 소년은 어느 것 하나도 놓치지 않고 '보고 듣는' 아들이었다.

 "아빠, 다 나았어요?" 아이는 외쳤다. "그럼 우리 이제 디즈니랜드 가는 거예요?" 브랜든의 말에 우리 모두는 웃음을 터뜨렸다. 다시 웃을 수 있어 기뻤다.

 살아 있는 기분….

 그렇게…나는 죽지 않았다.

 나는 살았다.

 그리고 지금 이렇게 주님께서 행하신 일을 증거하고 있다!

≋ 소망을 적는 나만의 일기장

"여호와께서 내 편이 되사 나를 돕는 자들 중에 계시니 그러므로 나를 미워하는 자들에게 보응하시는 것을 내가 보리로다"(시 118:7). 시편 기자가 펜을 들어 이 글귀를 적었을 때는 고통과 시련이 다 끝난 시기가 아니었다. 아직 끝이 시야에 들어오기도 전에 기자는 믿음의 눈을 들어 그 끝을 보고 이 글을 적었다.

하나님께 여쭤라. 당신의 삶 속에서 누가 "시초부터 종말을 알리며 아직 이루지 아니한 일을 옛적부터 보이셨는지"(사 46:10)를, 그래서 당신의 미래를 주님의 소망으로 채우시는지, 하나님께 여쭈어보라. 주께서 선포하신 이 말씀을 마음으로 받으라.

어떤 일이 일어나도 주님은 놀라시지 않는다. 사실 우리에게 '필요'가 생기기 훨씬 전에 이미 하나님께서는 '공급'을 예비해두셨다. 홍수가 닥치기 전에 방주가 준비되었다. 이 세상의 기초가 놓이기 전에 어린 양 예수의 희생은 예비되었다. 저주의 자리에 십자가가 준비되었다.

당신이 고통의 골짜기에 들어서기 전에 하나님께서는 소망의 문을 열어놓으셨다!

❧ 누군가가 세심한 배려와 긍휼로 당신을 보살피고 있다면, 당신은 어떤 느낌을 받을 것 같은가?

12장
주님께서 행하신 일

갇혀 있으나 소망을 품은 자들아 너희는 요새로 돌아올지니라
내가 오늘도 이르노라 내가 네게 갑절이나 갚을 것이라(슥 9:12)

사람들은 종종 내게 이런 질문을 한다. "그때의 경험에서 무엇을 배우셨습니까?" 집으로 돌아온 후 며칠 동안의 삶을 아무리 회상해보아도 그들의 질문에 대답해줄 것은 별로 없었다. 어쩌면 내 모든 생각이 '삶' 자체에 집중되었기에 그런 것을 생각할 겨를이 없어서였을지도 모른다. 제한된 에너지로 나는 일어서고, 싸우고, 신뢰하고 또 휴식해야 했다. 그것이 전부다. 고통과 아픔으로부터 겨우 해방되었는데, 글쎄…과연 내가 고통의 나날들을 되짚어보며 무엇을 배웠는지 살펴볼 만한 여유, 혹은 의향이 있었을까? 나 자신도 의심스럽다.

집에서의 생활에 적응하는 것만 해도 오랜 시간이 걸렸다. 수개월간 병원 신세를 진 덕에 일상생활의 기억이 전부 흐려졌다. 팔걸

이 없는 침대, 식탁 위에서의 식사, 뒤트임 없이 전신을 다 감싸는 잠옷, 튜브와 항균 마스크의 방해 없이 가족들을 안을 수 있는 상황… 이 모든 것이 낯설었다. 전에는 '당연한 일'로만 여겼던 이 모든 일이 예사롭지 않은 선물처럼 느껴졌다. 모든 것이 새로웠다. 매우 소중했다.

하지만 어느 정도 시간이 흐른 후에 내가 배웠던 교훈을 정리할 수 있었다. 그 후로 몇 년 동안, 주님의 자유케 하시는 계시(깨달음)를 점점 더 많이 인식하게 되었다. 시편 기자는 이렇게 선포했다. "여호와께서 행하시는 일들이 크시오니 이를 즐거워하는 자들이 다 기리는(묵상하는)도다"(시 111:2). 하나님께서는 내 삶 속에서 참으로 놀라운 일을 행하셨다. 주께서 행하신 일을 묵상하면 묵상할수록 내 기쁨은 점점 더 커져만 갔다. 내게 일어난 각각의 사건을 회상해볼 때마다 내 마음에는 하나님의 신실하심에 대한 새로운 감동과 경탄이 차올랐다. 그 사건들을 묵상할 때마다 매번 새로운 것을 깨닫게 되었고, 그중 주께서 내 마음에 일깨워주신 몇 가지 중요한 교훈은 오래도록 새겨두고자 한다.

1. 주님께서 내게 행하신 일의 모든 간증은 당신의 간증이 될 수 있다.

나는 단지 내 이야기를 전달하는 것에 만족하지 않는다. 정말 문자 그대로 내 이야기를 당신과 함께 '나누고'(share) 싶다. 그러므로 이제 이것은 당신의 이야기다. 부디 이 책에 담긴 나의 간증을 듣고 마음으로 받아들이기를, 하나님의 선하심에 대한 당신의 생각 속에 내 간증도 덧붙여주기를 바란다.

나는 다윗이 하나님께 말씀드렸던 고백에 감동을 받았다.

> 주의 증거들로 내가 영원히 나의 기업을 삼았사오니 이는 내 마음의 즐거움이 됨이니이다(시 119:111)

다윗은 인류 역사를 통해 주께서 행하신 모든 일의 간증과 증거들을 자신의 유업으로 삼았다. 주님의 증거(주께서 행하신 모든 일의 증거)들은 문자 그대로 다윗의 유업이 되었다. 그렇기 때문에 다윗은 마치 자기가 홍해 앞, 모세 곁에 섰던 양, 바다가 갈라졌던 사건을 생생하게 언급했다(시 66, 78편 참조). 이 사건은 다윗이 태어나기 훨씬 전, 아마 수백 년 전에 일어났던 사건이었을 것이다. 하지만 다윗은 모세의 이야기를 자신의 '체험'으로 삼았다. 그리고 새롭게 일어나는 세대에게 소망을 심어주면서 주님의 놀라운 기사를 전했다.

2. 주께서 행하신 일을 잊을 때 재앙과 같은 일들이 발생한다.

시편 78편 9-11절을 보라. 비록 중무장하고 또 전쟁에 노련한 용사들의 군대였으나 에브라임 자손이 하나님의 놀라운 역사를 잊었을 때, 그들에게 끔찍한 일이, 그것도 연쇄적으로 일어났다.

> 에브라임 자손은 무기를 갖추며 활을 가졌으나 전쟁의 날에 물러갔도다 그들이 하나님의 언약을 지키지 아니하고 그의 율법 준행을 거절하며 여호와께서 행하신 것과 그들에게 보이신 그의 기이한 일을 잊었도다(시 78:9-11)

이 위대한 용사들은 전쟁을 치르기 위해 날마다 훈련받았을 것이다. 하지만 정작 전쟁의 날에 대패하고 말았다. 어떻게 이런 일이 일어날 수 있는가? 일차적으로는 용기가 절실했던 순간에 그들이 용기를 잃었기 때문이라고 말할 수 있다. 하지만 더 큰 문제는 주님께 헌신하지 못함으로써 그들이 불순종의 늪에 빠진 것이었다. 그렇다면 이 비극의 뿌리는 무엇인가?

그들은 주께서 행하신 일을 잊었다. 주께서 행하신 놀라운 기적들을 무시했다. 기적이란 우리의 생각을 사로잡고 우리의 마음에 경외심을 불러일으키기 위해 주님께서 자연법칙을 깨뜨리시는 놀라운 사건이다. 그런데 그들은 주님의 기적을 무시했다.

규모가 크든 작든, 이러한 기적은 우리 주변에서 항상 일어난다. 하지만 종종 '소망 없음'의 구름이 마음속으로 흘러들어 온다. 그 구름에 가려진 기적은 우리의 시야에서 멀어진다. 이제 냉소와 비판, 불평과 불만으로 가득한 이 세상에서 기적은 종종 간과된다. 이성(과학)적인 설명까지 동원되어 기적이 설 자리를 없애버린다.

하나님의 임재는 무시된다. 그분의 놀라운 일들은 '장부'에서 지워진다.

이러한 분위기 속에서 살아남는 것은 오직 절망뿐이다. 예수님께서는 장차 사람들이 '무서워하여 심지어 기절하게 될' 시간이 도래할 것이라고 경고하셨다(눅 21:26 참조). "세상에서 소망이 없고 하나님도 없는"(엡 2:12) 사람이 속출할 것이다. 왜 그런가?

하나님께서 행하신 일을 잊었기 때문이다. 그분이 보이신 놀라운 기적들을 무시하기 때문이다.

3. 2번과 정반대로, 우리가 하나님의 놀라운 기적과 간섭을 기억하고 기릴 때 우리의 삶 속에 강력한 일들이 일어난다.

예수님께서는 '주의 보혈의 능력'과 '우리의 증거'로써 마귀를 능히 이길 수 있다고 말씀하셨다(계 12:11 참조). 이 책을 통해 알게 된 내 간증을 하나님께서 행하신 놀라운 일들의 목록 속에 덧붙이기를 바란다. 이 이야기가 당신의 간증의 일부분이 되기를 소망한다.

인류의 역사 속에서 하나님께서 수많은 사람에게 행하신 일, 그리고 당신에게 행하신 일들을 전파하기 바란다. 간증은 초자연적인 무기다. 당신의 일상 대화 가운데에 자연스럽게 하나님의 이야기를 꺼낼 수 있기 바란다. 그렇게 하면 분위기가 전환될 것이다. 오늘 한번 시도해보라. 날씨나 경제 상황, 정치, 우스갯소리 등 일상의 대화 주제나 혹은 끊임없는 불평을 늘어놓는 대신 주님께서 행하신 일들을 화제로 삼아보라. 물론 독선적이거나 종교적인 태도로 말해서는 안 된다. 그저 '자연' 스럽게, '초자연' 적이신 하나님의 놀라운 역사를, 그저 자연스럽게 이야기해보라. 그리고 어떤 일이 일어나는지 살펴보기 바란다! 대화 중 분위기의 변화에 주목하라. 소망이 담긴 이야기는 '희망과 기대' 의 분위기를 한껏 부풀린다. 예수님께서도 그렇게 하셨다. 소망의 말씀으로 절망의 분위기를 희망으로 바꾸셨다. 과거에 그렇게 하셨다면, 지금도 예수님은 그렇게 하실 것이다. 당신의 이야기를 듣고 상대방의 마음이 열려 그(녀)가 당신에게 기도를 부탁할 수도 있다—하나님의 신실하심에 대한 이야기는 소망을 창출해낸다.

마가복음에는 군대 귀신 들린 사람의 축사(逐邪) 사건이 나온다. 한 군단 만큼의 귀신이 그 남자에게 들어갔다. 마가는 그 수를 'legion'으로 표시했다. 이는 로마 군대 용어로, 약 육천 명가량의 군인으로 구성된 '군단'을 지칭한다. 한번 생각해보라. 이 남자는 그 정도로 많은 수의 귀신에게 괴롭힘을 당했다!

그는 거라사 지방에 살고 있었다. 낮밤을 가리지 않고 무덤 사이를 지나며 울부짖는 일로 시간을 보냈다. 벌거벗고 거리를 활보하기도 했다. 스스로 몸에 상처를 내고 피가 엉겨 붙은 몸으로 밤거리를 지나며 큰 소리로 비명을 질러댔다. 그의 출현은 지역 주민들의 신경을 거슬리게 했다. 아마도 그로 인해 지역 부동산 가격이 현저하게 낮아졌을 것이다!

그런데 예수님께서 그를 만나셨다. 위엄 있는 목소리로 귀신을 쫓아내셨다. 이에 이 남자는 "옷을 입고 정신이 온전하여"(막 5:15) 졌다. 그는 귀신의 압제로부터 자유롭게 된 것을 감사드렸다. 그리고 자신을 제자 삼아주시기를, 예수님의 여정에 동참할 수 있게 해주시기를 간구했다. 하지만 놀랍게도 예수님은 그의 청을 거절하셨다. 대신 이런 지침을 주셨다.

> 집으로 돌아가 주께서 네게 어떻게 큰 일을 행하사 너를 불쌍히 여기신 것을 네 가족에게 알리라(막 5:19)

그는 주님의 말씀대로 행했다.

하지만 그의 이야기는 거기서 멈추지 않는다. 이 남자는 자기 가족뿐만 아니라, 수리아의 열 개 도성으로 이루어진 데가볼리 지역에까지 나아가 자신의 간증을 전했다. 그의 간증은 들불처럼 삽시간에 온 지역으로 퍼져 나갔다. 그는 사람들을 모아놓고 '축사 사역-10주 완성' 프로그램을 진행한 것이 아니다. 단지 2분 분량의 짤막한 간증을 전했을 뿐이다. 하지만 그것은 소망의 이야기였다! 그가 전한 간증은 그 지역에 사는 모든 사람의 마음속에 소망의 문을 열어주었다.

예수님께서 처음 데가볼리 지역을 방문하셨을 때에는 주민들이 강력하게 저항했었다. 그들은 예수님께 그 지역을 떠나시기를 간청했다(막 5:17 참조). 하지만 이 남자의 간증이 전파된 후 상황은 완전히 바뀌었다. 그 지역에 '기대감으로 충만한 분위기'가 연출되었던 것이다. 예수님께서 다시 데가볼리 지역을 찾으셨을 때, 사람들은 너나없이 병자들을 데리고 주님께 나아왔다. 그들의 마음에는 치유에 대한 소망이 가득했다. 모두가 예수님께서 치유해주실 것을 기대했다. 그렇다. 분위기가 바뀐 것이다! 예수님의 치유에 그들은 '심히 놀랐다!' 그리고 예수님이 행하신 놀라운 일을 '더욱 널리 전파하였다'(막 7:36-37 참조).

열 개 도성으로 이루어진 지역이 변화되었다. 이 모두가 단 한 사람의 간증—예수 그리스도의 증거—때문이었다.

지금 이 세상은 '소망의 기근'이 휩쓸고 있다. 이제 우리 모두는 예수의 이름으로 절망을 몰아내야 한다. 그리고 영광의 소망을 선포해야 한다!(골 1:27 참조)

4. 소망은 전염된다.

우리가 살고 있는 문화 속에서 소망이라는 말의 의미는 '무언가를 바라는 생각'이다. 이를테면 우리는 "나는 내일 비가 오지 않기를 바란다" 정도로 소망을 정의한다. 하지만 성경의 정의는 이와 다르다. 어떤 일이 일어나기를 혹은 일어나지 않기를 바라는 마음으로 손가락을 교차시키는 것(crossing fingers)은 성경이 말하는 '소망'이 아니다(영어권에서 중지를 검지 위에 교차시키는 동작은 액땜, 혹은 행운을 비는 상징임. cross one's fingers는 '행운을 빌다'라는 뜻의 숙어다—역자 주).

신약에 사용된 소망의 의미는 '기쁜, 그리고 확신에 찬 기대'(joyful and confident expectation)다.1) 그러므로 가장 깊은 고통의 골짜기를 지날 때에도 소망은 발견될 수 있다(소망은 현재형이다. 지속되고 견디며 살아남는다).2) 믿음도 소망과 마찬가지로 지속된다. 그리고 그 무엇보다 강력한, 하나님의 사랑 역시 지속된다(고전 13:13 참조). 이것이 바로 끊임없이 우리를 사랑하시는 하나님께 '끝없는 소망'을 둘 수 있는 이유다! 이 소망은 "우리를 부끄럽게 하지 아니하는" 소망이다! "우리에게 주신 성령으로 말미암아 하나님의 사랑이 우리 마음에 부은 바"(롬 5:5) 된 소망이다.

하나님이 주신 소망의 선물은 생존을 두고 펼쳤던 투쟁의 6개월 동안 나의 동반자가 되었다. 가장 낙심했던 날들에도 하나님의 격려는 폭풍 같은 구름을 뚫고 거침없는 태양의 찬란한 광선처럼 내게 와서 닿았다.

우리는 소망 없이 살아가도록 창조되지 않았다.

솔로몬은 이렇게 경고한다. "소망이 더디 이루어지면 그것이 마음을 상하게 하거니와…"(잠 13:12) 그는 "응답이 더디 이루어지면 그것이 마음을 상하게 하거니와"라고 말하지 않았다. 혹은 "하나님께서 적절한 때 네 기도에 응답하지 않으시면 네가 자멸할 것이 분명하거니와"라고도 말하지 않았다. 그의 훈계를 들어보라. "네가 소망을 멈추는(버리는) 순간, 네 마음이 아플 것이며 파괴적인 슬픔이 너를 압도할 것이다."3)

우리는 결코 소망 없이 살도록 창조되지 않았다.

어쩌면 당신은 현재의 상황 혹은 현재의 환경에 억눌린 상태로 (내가 그랬던 것처럼) 이 글을 읽고 있을지도 모르겠다. 칠흑같이 어두운 고통의 골짜기를 헤매고 다녔기에 소망의 문을 찾지 못할까 봐 두려워하는 상태인지도 모른다. 그렇다면 용기를 내어 하나님의 임재 안으로 달려가기 바란다. 그분은 두 팔 벌려 당신을 안아주실 것이다. 당신의 모든 무거운 짐을 그분께 드린다 해도 그분은 기뻐 받으실 것이다. 아니 그렇게 하라고 명령하셨다!

주님께 가까이 나아갈 때, 우리는 참된 동반자를 얻게 된다. 그분은 모든 면에서 우리와 동일한 고통을 체휼하셨지만 죄는 없으신 분이다. 그러므로 그 어떤 것보다 우리에게는 주님이 필요하다!

수많은 고통의 시간 중, 어느 한때, 다윗은 자신을 향해 다음과 같이 선포했다.

> 내 영혼아 네가 어찌하여 낙심하며 어찌하여 내 속에서 불안해 하는가 너는 하나님께 소망을 두라 그가 나타나 도우심으로 말미암아 내가 여전히 찬송하리로다 내 하나님이여 내 영혼이 내 속에서 낙심이 되므로…주를 기억하나이다 (시 42:5-6)

그는 절망이 자신의 영혼에 둥지를 틀도록 수동적으로 반응하기를 거부했다. 대신 고통의 골짜기에서 훌훌 털고 일어나 소망의 문을 향해 나아가기로 선택했다. 마침내 그 문을 찾았다! 그는 하나님께 확신과 기대를 두었다. 그리고 실망하지 않았다.

때때로 삶의 무게가 우리를 짓누른다. 바울도 마찬가지였다. 그는 때때로 '답답한 일을 당하였다'라고 고백했다(고후 4:8 참조). 이 구절에서 바울은 '가용 자원이 부족한 상태, 어디로 가야 할지 모르는 상태'[4]를 '답답한 일'로 표현했다. 이런 의미를 지닌 '답답한 일' – 당신에게 익숙한 표현이 아닌가?

하지만 바울은 거기서 멈추지 않았다. 비록 불확실성이 크게 대두되는 순간이었으나 그는 '낙심하지 않았다'(고후 4:8 참조). 단 한 번도 '모든 소망을 버리거나' '모든 자원이 고갈된 상태'로 머무르지 않았다.[5]

물론 당신의 삶에서 이해되지 않는 일도 생길 것이다. 하지만 소망까지 잃을 필요는 없다. 왜냐하면 주님께서 '이성'을 넘어서는 '소망'을 주시기 때문이다. 오직 주님만이!

오늘, 당신을 향한 나의 기도는 아래와 같다.

> 소망의 하나님이 모든 기쁨과 평강을 믿음 안에서 너희에게 충만하게 하사 성령의 능력으로 소망이 넘치게 하시기를 원하노라(롬 15:13)

지금도 하나님께서는 고통의 골짜기, 그 한가운데에 소망의 문을 열어놓으신다.

바로 지금, 하나님께서는 당신을 위해 그 열린 문을 붙들고 계신다!

소망을 적는 나만의 일기장

소망은 전염성이 있다. 다른 이의 삶 속에 역사하신 하나님의 신실함을 듣게 될 때 우리의 마음에도 소망의 불이 타오른다.

다윗은 이렇게 고백한다. "주의 증거들로 내가 영원히 나의 기업을 삼았사오니"(시 119:111a). 수 세대를 거쳐 하나님께서 이 땅의 일에 개입하신 사건(기적)들을 다윗은 들었다. 그리고 자신의 유업으로 삼았다. 또한 이것을 토대로 노래를 지었다. 노래를 통해 이스라엘 백성에게 '소망의 역사'를 상기시켜주었다. 심지어 그의 노래에 담긴 사건 중 상당수는 그가 태어나기 훨씬 전에 일어났다. 하지만 다윗은 그 모든 것을 자신의 기업으로 삼았다.

그 결과에 대해 다윗은 이렇게 말한다. "이는 내 마음의 즐거움이 됨이니이다"(시 119:111b).

✎ 당신이 지닌 '소망의 역사'는 무엇인가? 오랫동안 당신이 소중히 간직해온 '신실하신 하나님'의 이야기는 무엇인가?

소망의 기근이 이 땅에 창궐하고 있다. "세상에서 소망이 없고 하나님도 없는"(엡 2:12) 사람이 너무도 많다.

❧ 이 소식을 들은 후 당신의 심경에는 어떤 변화가 생겼는가? 소망의 대사로서, 당신은 다른 사람을 어떻게 섬기겠는가? 당신 스스로가 고통의 골짜기를 걷고 있는데도 다른 사람을 위한 소망의 대사가 될 수 있는가?

1. Thayer's Greek Definitions.
2. Ibid.
3. Brown-Driver-Briggs' Hebrew Definitions.
4. Thayer's Greek Definitions.
5. Ibid.

13장
표적(表跡)과 기사(奇事)

내가 진실로 진실로 너희에게 이르노니
나를 믿는 자는 내가 하는 일을 그도 할 것이요
또한 그보다 큰 일도 하리니 이는 내가 아버지께로 감이라(요 14:12)

　　　　이 소망의 문은 나만을 위해 열린 것이 아니었다. 이 문은 우리 교회 및 지역 내 여러 다른 교회를 위해서도 활짝 열렸다.
　내가 치유받은 이후, 점점 더 많은 사람이 주 예수 그리스도의 임재와 능력을 체험하게 되었다. 눈먼 사람의 시력이 회복되는 기적이 일어났다. 청각장애자가 듣게 되었다. 종양이 사라졌다. 각종 질병이 사라졌다. 하지만 그 무엇보다 사람들의 마음이 다시금 하나님의 마음과 연합되는 기적이 일어났다.
　자궁 속에서 치명적인 질병과 싸워야 했던 태아가 여럿 있었다. 나는 그들이 주님의 만지심으로 치유받고 건강한 모습으로 출생하는 것을 수차례 목격했다. 어떤 태아는 자궁 속에서부터 뼈에 질병이 생기는 바람에 내장에 골수가 차오르는 희귀병에 걸렸다. 의사는 아이가 출산 과정을 견디지 못하고 죽을 것이라고 진단했다. 만일 태어나더라도 체내에 배설 체계가 형성되지 않았기에 얼마 못 버틸 것이라고 했다. 하지만 아이의 부모는 의사의 중절 권유를 거절했다. 그리고 우리는 아이를 위해 기도했다. 이후 자궁 안에 놀라운 창조의 기적이 일어났다. 엑스레이 사진 판독 결과는 기도하기 전후의 아이 상태가 확연이 다르다는 것을 보여주었다. 주님께서 놀라운 일을 행하셨기에 아이는 건강하게 자랐다. 그리고 건강하게 태어났다.

태속의 아이가 급성 정신 장애 증상을 보이기에 낙태를 권유받았던 산모도 있었다. 다양한 검사 결과 정신 장애가 확실했다. 하지만 그녀는 뱃속 아이의 생명을 끊는 대신, 기도하기로 결심했다. 그리고 여러 성도가 그녀의 기도에 동참했다. 이렇게 기도하던 어느 날, 한 성도가 주님으로부터 오는 '감동'(메시지)을 받았는데, 아이가 산모의 자궁 안에서 치유받았다는 내용이었다. 몇 개월 후 그 메시지는 사실로 판명되었다. 아주 건강한 아이가 태어났다.

이러한 기적이 일어나는 때와 장소는 '교회', 그리고 '예배 시간'으로만 제한되지 않는다. 쇼핑몰, 공장, 교실, 사무실, 운동장, 부엌 식탁-이 모든 장소가 기적의 공간이 될 수 있다.

또한 이처럼 놀라운 일은 교회의 리더나 믿음이 깊은 성도가 기도할 때에만 일어나는 것도 아니다. 노소를 막론하고 누구나 소망의 문을 여는 사역에 동참할 수 있다. 엄마와 쇼핑을 하던 여섯 살짜리 아이는 이렇게 말했다.

"엄마! 저기 있는 저 여자 분을 위해 기도해야 할 것 같아요."

이 여자 아이는 상점 안에 있는 어떤 나이 지긋한 여성을 손가락으로 가리켰다. 아이의 엄마는 공공장소에서 기도하기가 부끄러워서 "그래, 기도하자. 하지만 차에 탄 후에 하자꾸나"라고 대답했다.

"안 돼요, 엄마." 아이는 재촉했다. "예수님은 지금 우리가 저분을 위해 기도하기를 원하세요."

이 대화를 어깨너머로 듣던 그 여성이 이들을 향해 미소를 지었다. 딸아이의 담대함에 감명을 받은 엄마는 그 여성에게 말했다. "우리 아이가 아주머니를 위해 기도해드리고 싶답니다."

사랑 가득한 담대함으로 아이는 이렇게 말했다. "예수님께서 제게 말씀하셨어요. 아주머니는 겉으로는 미소 짓고 계시지만 속으로는 매우 슬퍼하신다고요. 예수님은 아주머니가 다시 행복해지기를 원하세요."

그러자 이 여성의 아랫입술이 심하게 떨리기 시작했다. 이내 눈물을 왈칵 쏟으며 아이에게 말했다. "1년 전에 내 남편이 하늘나라로 떠났단다. 난 한 번도 울지 않았지. 주변 사람들을 위해서라도 강한 모습을 보였어야 했으니까 말이야." 여섯 살짜리 꼬마의 간단한 기도가 한동안 슬픔에 잠겼던, 가엾은 미망인 앞에 치유의 문을 열었다.

어느 날 저녁, 예배가 끝날 즈음에 성도들은 서로를 위해 기도하고 있었다. 당시에 나는 앞줄에 앉아 성도들이 기도하는 모습을 지켜보았다. 참으로 다양한 연령의 성도들이 모여 서로의 온갖 필요를 위해 열심히 중보했다. 그때 네 살 먹은 여자 아이가 내 곁에 서 있었기에 나는 아이에게 미소를 지어 보였다.

"얘야, 너도 누군가를 위해 기도하기 원하니?" 아이에게 물었다. 이에 아이는 고개를 끄덕이더니 기도 사역을 받고 있는 한 여성을 가리켰다. 나는 아이의 손을 잡고 그 여인을 위해 기도하고 있는 그룹으로 걸어갔다.

"혹시 예수님께서 이분의 아픈 부위가 어디인지 네게 말씀해주셨니?" 아이에게 물었다.

아이는 또다시 고개를 끄덕였다. 그리고 여성의 오른쪽 허리 아랫부분을 손가락으로 가리켰다. 아이는 자신의 짧은 팔을 뻗어 그 부위에 손을 대고자 했다. 거의 닿을락 말락 한 상태가 되었을 즈음 아이는 기도하기 시작했다. 기도 중 아이의 손이 여성의 허리에 '잠깐' 닿았다. 그러자 이 여성이 크게 소리를 질렀다.

"뜨거워요! 무언가 굉장히 뜨거운 것이 내 오른쪽 신장에 닿았어요!"

아이는 짧게, 정말 짧게 기도했다. 그리고는 종종걸음으로 그곳을 나와 동년배의 친구들과 뛰어놀았다.

우리는 이 여성이 신장(우측)암에 걸렸다는 사실을 며칠이 지나서야 알게 되었다. 그날(아이에게 기도 받던 날) 아침, 여성은 병원에 가서 엑스레이를 찍었고, 판독 결과 신장암 확진을 받았다. 그리고 저녁에 네 살짜리 아이에게 기도를 받은 것이다.

그 밤에 여성은 자신의 병이 나았음을 확신했다. 그래서 다음 날 아침 일찍 이 사실을 확인하고자 병원에 갔다. 보험 규정 때문에 두 번째 엑스레이부터는 사비를 들여야 했다. 엑스레이 판독 결과 신장에서 암 덩어리가 사라졌을 뿐만 아니라 림프절에서 발견된, 장차 암으로 발전될 가능성이 있었던 혹까지도 깨끗이 사라져버렸다!

우리 교회에서 시행하는 '음식 사역'을 통해 초자연적인 역사가 일어나기도 했다. 사람들은 빵과 우유를 받을 뿐만 아니라 놀라운 표적과 기사를 체험한다. 기적과도 같은 일이 반복적으로 일어났다. 사람들은 새로운 일자리를 얻었다. 구원받았다. 질병에서 완쾌되었다. 길거리에서 기도 사역을 받던 열두 명의 사람이 한꺼번에 예수님께로 돌아오기도 했다. 법정 시각장애자 판정을 받은 여성의 시력이 온전히 회복되는 일도 일어났다. 기쁨에 겨운 나머지 그녀는 성경을 펼치고 모든 사람이 듣도록 큰 소리로 읽었다. 더 이상 알이 두꺼운 돋보기안경은 필요 없었다. 골반 부상으로 인해 거의 걷지 못하던 한 무슬림 남성이 집으로 가던 중 우리 교회 성도들의 기도를 받고 순식간에 치유되기도 했다. 그는 지팡이를 머리 위로 치켜들고 춤추며, 뛰며, 돌며, 큰 소리로 외쳤다.

"예수 그리스도께서 내 기도에 응답해주셨다!"

그는 매우 기쁜 나머지 식료품을 길거리에 둔 채 집까지 걸어갔다고 했다.

극적인 속도로 소망의 문이 열리기도 한다. 암이 떠나고, 종양이 사라지고, 눈과 귀가 열린다. 때때로 간단한 말씀, 간단한 기도를 통해서 수년간의 속박이 끊어지기도 한다. 탕자가 아버지께로 돌아오는 구원의 역사가 일어나고, 오랫동안 슬펐던 마음에 기쁨이 찾아오고, 무너진 관계가 회복되고… 이렇게 우리 위에 하나님의 나라가 임한다.

한 가지 간증을 더 소개하고 내 이야기를 마무리하겠다. 나는 이 사건을 통해 새로운 시각으로 예수님과의 동행을 이어나갈 수 있었다. 신약 전반에 걸쳐 '기적'은 '표적과 기사'(signs and wonders)로 표현되어 있다. 기적이 '기사'(wonders)인 이유는 주님께서 기적을 행하실 때 우리의 오감이 압도되기 때문이다. 기적은 그처럼 놀라운 일이다. 또한 기적이 '표적'(signs)인 이유는 기적 그 자체보다는, 그보다 훨씬 더 큰 무언가가 집중 조명되기 때문이다(기적 자체가 중요한 것이 아니라 기적이 '가리키는 것'이 중요하다).

지금 소개하고자 하는 특별한 기사(wonder)는 우리 교회 청년 벤자민(Benjamin)의 삶에 일어났던 놀라운 사건이다. 그는 발가락이 안으로 굽은 상태(pigeon toe)로 태어났다. 심하게 뒤틀린 발 때문에 그에게 '걸음걸이'는 항상 고된 도전이었다. 이제 열세 살인 그는 이러한 신체적 결함으로 인해 하루에 몇 번이고 얼굴을 땅에 박은 채 넘어지는 아픔을 겪어야 했다. 하지만 더 큰 아픔은 그가 넘어질 때마다 주변 사람들이 그를 조롱한 일이었다. 그들은 벤자민에게 '비둘기'라는 별명을 지어주었다. 그것이 벤자민의 새로운 '자아'가 되어버렸다—벤자민은 마음에 큰 상처를 받았다.

어느 날 저녁, 연합 기도 모임 중에 벤자민은 그의 발과 발목을 향해 아주 뜨거운 바람이 불어오는 것을 느꼈다. 이후로 일어난 일(단 몇 분 동안이었지만)은 더욱더 놀라웠다. 마치 눈에 보이지 않는 어떤 강력한 손이 그의 두 발을 붙잡아 늘이는 것 같았다. 벤자민은 소리쳤다.

"누가 내 발을 누르는 것 같아요!"

깜짝 놀라 그는 자신의 발을 내려다보았다. 전에 보지 못하던, '새로운' 발이었다!

그는 내게 '달려와' 말했다.

"보세요, 목사님! 새로운 발이에요. 더 이상 비둘기 발이 아니라고요. 이젠 걸을 수 있어요. 뛸 수도 있어요!"

새로운 발로 벤자민은 성전의 앞뒤를 신나게 내달렸다. 몇몇 성도가 함께 기뻐하며 그를 응원해주었다. 승리의 트랙을 완주한 뒤, 벤자민은 우리를 보며 이야기했다.

"보세요, 저는 예전에 이렇게 걸었어요."

순간 그는 자신의 온힘을 다해 발목을 꺾어 원래의 형태를 보여주려고 했다. 하지만 그렇게 할 수 없었다. 이미 치유되었기에 발목이 꺾이지 않았다. 그는 나를 쳐다보며 의아해하는 표정으로 말했다.

"이상해요. 더 이상 예전에 걸었던 것처럼, 그렇게 걷지를 못하겠어요! 흉내조차 못 내겠어요."

이 사건에서 '기사'는 예수님이 벤자민의 발에 행하신 일이다.

이 사건에서 '표적'은 벤자민이 자신의 입으로 고백한 말이다. 그렇다. 우리는 이렇게 살도록 창조되었다.

우리는 예수님을 따르기 위해 이 땅에 태어났다. 우리가 예수님을 따를 때 그분의 힘과 사랑의 표적이 우리를 따를 것이다. 주님께서 그렇게 사셨다. 이것이 바로 '평범한 기독교'다. 하나님의 뜻이 궁금한가? 당신이 할 수 있는 일은 오직 예수님을 바라보는 것이다. 그분이 바로 하나님의 뜻이다. 예수님은 '성육'하신 하나님의 '뜻'이다(요 1:14). 하나님의 뜻이 인격화되셨다.

어린 시절부터 나는 주님을 알고자 하는 욕구, 또 그분의 초자연적인 길을 따라 걷고자 하는 갈망이 있었다. 어렸을 적에 나는 토요일 아침마다 일찍 일어나 거실에 놓인 흑백 TV 앞으로 달려가서 'Cisco Kid', 'Roy Rogers', 'Sky King'을 보았다. TV 앞에서 나는 카우보이모자를 쓰고 카우보이부츠를 신고 완구용 플라스틱 말에 올라타고 서부 최고의 보안관이 되어 정의를 집행하곤 했다.

그러던 어느 토요일에 내 마음을 사로잡는, 또 다른 TV 친구를 만나게 되었다. 그녀의 이름은 캐더린 쿨만(Kathryn Kuhlman)이었다. 그녀의 아름다운 목소리와 빛나는 미소가 내 마음을 사로잡았다. 나는 다리를 교차한 채 바닥에 앉아 그녀의 모습이 TV 화면에 나오기를 간절히 기다렸다. 하늘거리는 가운을 입고 아름다운 자태를 뽐내며 등장하는 그녀는 TV 카메라를 향해 항상 이렇게 물었다. "저를 기다리셨나요?" 나는 그녀의 질문에 머리를 끄덕이며

"네!" 하고 대답했다. 나는 예수님께서 행하시는 놀라운 기적 이야기에 목말랐다. 캐더린 쿨만은 예수님께서 못하실 일이 없다는 사실을 내게 확신시켜주었다. 또한 매일매일 기적이 일어나기를 기대해도 된다는 사실을 가르쳐주었다. 그녀는 내 어린 심령에 좋은 씨앗을 심어주었다. 그 씨앗은 오늘도 내 안에서 무럭무럭 자란다.

어린 친구 벤자민의 말 중에서 "더 이상 예전에 걸었던 것처럼, 그렇게 걷지를 못하겠어요!"를 집중해서 들으라. 나 역시 과거로 돌아가고 싶지 않다. 편안함에 안주하고, 안전함을 추구하며 조용히 지내는 크리스천-이러한 과거의 때로 돌아가지 않을 것이다.

예수님의 '초자연'적인 사역이 '자연'스럽게 느껴질 정도가 되었으니, 이미 나는 루비콘 강을 건넌 것이다. 이제 '기적'은 '평범'이다. 하나님의 사랑이 두려움을 몰아내기에 더 이상 위험을 감수하는 일에 두려움은 없다. 오! 물론 이곳에도 고통의 골짜기는 있다. 기도한다고 해서 모든 상황이 이곳에 소개된 놀라운 일들처럼 변화되지는 않을 것이다. 하지만 이것만은 사실이다-지금까지 경험했던 기적보다 지난 몇 해 동안 경험한 기적들이 훨씬 더 많다는 것! 그리고 앞으로 더 많은 기적을 체험하리라는 것!

지금 당신을 기다리는 소망의 문이 있다. 당신의 믿음과 순종으로 열 수 있는 천국의 창(窓)이 있다. 그러므로 당신에게 이렇게 권한다. 예수 그리스도를 믿고 그분과 동행하는(예수 그리스도의 연인과 제자들의 연합 모임) 모임에 당신도 동참하라.

당신도 확신을 품고 예수 그리스도께 소망을 두기 바란다.

맺음말

  이 책의 각 페이지에 담긴 사건들은 벌써 수년 전의 일이 되어 버렸다. 얼마나 흥미진진한 시간이었는지!

  내가 퇴원한 후 얼마 지나지 않아 로즈마리는 은퇴했다. 이후 그녀와 나는 (주로) 전화와 편지로 연락했다. 가끔씩 그녀는 나를 만나려고 우리 교회에 들르곤 했다. 우리는 로비에 앉아 이야기하고 또 함께 웃었다. 날씨, 가정, 정치 등 당신이 생각하는 다양한 주제로 대화를 이어갔다.

  로즈마리가 마음을 열고 예수 그리스도를 영접한 것 역시 그러한 대화를 이어가던 중이었다. 아주 간단하지만 진심 어린 기도로, 그녀는 예수님을 영접했다. 물론 그날 우리는 엄청 울었다. 잠시 노래도 불렀다. 내가 그토록 기대했고 또 기도해왔던 순간이었다.

  그 후 얼마 안 있어 로즈마리의 딸에게 전화를 한 통 받았다. 어머니의 장례식을 인도해달라는 부탁이었다. "지난 밤, 어머니께서 소천하셨습니다. 주무시던 중 편안하게 하늘나라로 가셨어요." 나는 수화기를 붙잡고 목 놓아 울었다. 눈보라 치던 어느 추운 2월의 오후, 우리는 로즈마리의 삶과 죽음을 기념했다.

로즈마리는 눈 오는 날을 싫어했다. 그리고 사람들이 눈 오는 것에 호들갑 떠는 것을 싫어했다.

하지만 그날 로즈마리는 눈 오는 것도, 사람들의 호들갑도 다 겪었다.

2006년 봄, 나는 "신부 입장!"이라는 구령에 딸의 손을 붙잡고 강단 앞으로 걸어갔다. 예배당은 가족과 친지들로 붐볐다. 내 마음은 온갖 추억으로 소용돌이쳤다.

'시간이 어쩜 그리도 빨리 흘러가는지! 내 어린 딸! 고무젖꼭지를 물던, 담요를 질질 끌고 다니던, 내 등에 업혔던 아기가 이렇게 빨리 자라다니! 여기 내 옆에, 내가 사랑하는 아기가 서 있다. 웨딩 잡지 표지에서 방금 튀어나온 것처럼, 그렇게 내 옆에 서 있다!'

나는 겨우 감정을 추스르고 내 팔을 아이에게 건넸다. 그리고 우리는 성소를 향해 발을 내디뎠다. 연못에 뛰어드는 오리새끼들마냥 수많은 신부 들러리가 우리 뒤를 좇았다.

바로 그때였다. 수년 전 나를 공포에 빠트렸던 그 밤의 일들이 생각났다. 절망감에 빠진 채 가장 치열한 전투를 치르던 중, 나도 모르게 베다니가 결혼 예복을 입고 식장에 홀로 입장하는 모습을 머릿속으로 떠올렸던 그날 밤 말이다. 불안과 공포의 홍수가 나를 향해 밀려왔던 그 밤…거짓의 아비가 들려준 절망의 거짓말이 내게서 모든 소망을 앗아가려 했던 그 밤….

하지만 결혼식이 진행되던 그날, 나는 베다니의 곁을 든든히 지켜주었다. 우리는 함께 걸었다. 신부의 아버지가 신부의 길을 안내했다!

그날 찍은 사진을 보면 베다니의 손을 붙잡고 식장 안으로 입장하면서 나는 의미심장한 미소를 짓고 있다. "그때 무슨 생각을 했습니까?"라고 만일 당신이 묻는다면 "거짓말이래요~ 거짓말이래요~"(Liar, liar, pants on fire!)라는 문구를 떠올렸다고 대답하겠다 (liar, liar, pants on fire는 각운을 맞춘, 거짓말한 아이를 놀리는 일종의 노랫말로 저자는 사탄의 거짓말이 들통 났음을 이 노랫말로 표현함-역자 주).

그 나날 동안 무척 많은 것을 경험하게 되어 하나님께 감사드린다. 나는 결코 그때의 삶을 '당연한 것'으로 받아들이지 않을 것이다. 종종 사람들은 이렇게 말하곤 한다. "당신이 경험했던 기적의 반만이라도 경험해보았으면 좋겠어요!" 물론 내 육신이 치유되는 경험은 내 간증에서 중요한 부분을 차지하지만, 그것이 가장 중요한 내용은 아니다.

나는 내 죄가 용서된 것에 대해 진정으로 감사드린다. 또한 여전히 놀라움을 금치 못한다.

예수님께서 내 몸을 치유하셨다. 그러나 무엇보다 감사한 일은, 주께서 내 영혼을 자유케 하신 것이다. 기적 자체는 우리를 변화시키지 못한다. '변화'는 우리가 하나님의 놀라운 은혜를 깨달을 때 비로소 시작된다.

마지막 말을 적으면서, 당신에게 부탁하고 싶다. 당신의 일생에서 가장 중요한 결정을 지금 이 시간에 내리기를 바란다. 당신의 삶을 예수 그리스도께 드리라. 주께서 당신을 용서해주시기를 기도하라. 주께서 사랑과 능력으로 당신을 채워주시기를, 당신의 전 존재를 변화시켜주시기를 간구하라. 다음의 기도문으로 간단히 기도해도 좋다.

예수님, 저를 위해 오셔서 제 대신 죽으시니 감사드립니다. 또 제가 주님에게 범한 죄, 그 모든 죄의 값을 제 대신 치러주시니 감사드립니다.

예수님, 저는 주님이 필요합니다. 제 모든 죄를 용서해주세요. 제 삶을 주님께 드립니다. 제 뜻을 당신의 뜻 앞에 내어놓습니다. 제 모든 삶 속에서 주님을 따를 수 있도록 도와주세요.

더 이상 저는 제 삶의 주인이 아닙니다. 예수님께서 제 삶의 주인이십니다. 주님의 성령으로 채워주시고 또 제게 힘 주셔서 주님의 길로 걸어갈 수 있게 하옵소서.

제 마음의 탄식을 들어주시니 감사합니다.

저는 주님을 신뢰합니다.

예수님의 이름으로 기도합니다. 아멘(그렇게 될지어다!).